MARCO POLO

W0095417

RUSSLAND

Reisen mit
Insider Tipps

> Spannend ist das unvorhersehbare
Moment – Russland ist ein Land,
in dem viel improvisiert wird.
Und faszinierend ist die Weite des
Landes.
MARCO POLO Korrespondentin
Veronika Wengert
(siehe S. 150)

Spezielle News, Lesermeinungen und Angebote zu Russland:
www.marcopolo.de/russland

RUSSLAND

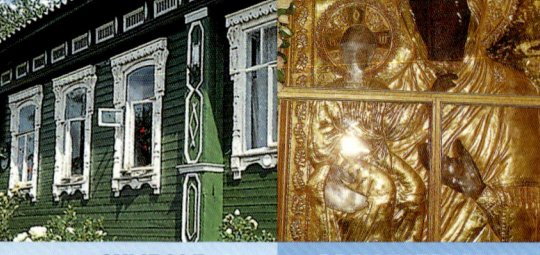

> SYMBOLE

**MARCO POLO
INSIDER-TIPPS**
Von unserer Autorin
für Sie entdeckt

★ **MARCO POLO
HIGHLIGHTS**
Alles, was Sie in Russ-
land kennen sollten

 **SCHÖNE AUSSICHT**

 **WLAN-HOTSPOT**

▶▶ **HIER TRIFFT SICH
DIE SZENE**

> PREISKATEGORIEN

HOTELS
€€€   über 120 Euro
€€   70–120 Euro
€   unter 70 Euro
Die Preise gelten für zwei
Personen im Doppelzimmer
mit Frühstück pro Nacht

RESTAURANTS
€€€   über 25 Euro
€€   15–25 Euro
€   unter 15 Euro
Die Preise gelten für ein Essen
mit Vorspeise oder Suppe,
Hauptgericht und Nachspeise

> KARTEN

[134 A1] Seitenzahlen und
Koordinaten für der
Reiseatlas Russland

[U A1] Koordinaten für die
Karte Moskau im
hinteren Umschlag

[0] außerhalb des
Kartenausschnitts

Zu Ihrer Orientierung sind
auch die Orte mit Koordinaten versehen, die nicht im
Reiseatlas eingetragen sind

🟥 **DIE BESTEN MARCO POLO INSIDER-TIPPS** .... **UMSCHLAG**

🟨 **DIE BESTEN MARCO POLO HIGHLIGHTS** **4**

🟦 **AUFTAKT** **6**

🟦 **SZENE** **12**

🟦 **STICHWORTE** **16**

🟦 **EVENTS, FESTE & MEHR** **22**

🟦 **ESSEN & TRINKEN** **24**

🟦 **EINKAUFEN** **28**

🟥 **MOSKAU & DER GOLDENE RING** **30**

🟩 **DER NORDEN** **52**

🟪 **WOLGA-GEBIET** **66**

🟩 **SÜDRUSSLAND** **78**

🟧 **URAL** **90**

🟨 **SIBIRIEN & DER FERNE OSTEN** **98**

INHALT

> SZENE

S. 12–15: Trends, Entdeckungen, Hotspots! Was wann wo in Russland los ist, verrät der MARCO POLO Szeneautor vor Ort

> 24 STUNDEN

S. 114/115: Action pur und einmalige Erlebnisse in 24 Stunden! MARCO POLO hat für Sie einen außergewöhnlichen Tag in Moskau zusammengestellt

> LOW BUDGET

Viel erleben für wenig Geld! Wo Sie zu kleinen Preisen etwas Besonderes genießen und tolle Schnäppchen machen können:

Rund um die Uhr preiswert Sushi essen S. 47 | Party zum Nulltarif an der Uferpromenade S. 59 | Süßes Mitbringsel zum kleinen Preis S. 75 | Günstige Privatzimmer am Schwarzen Meer S. 88 | Freier Eintritt ins Industriemuseum S. 95 | Sibirisch frühstücken zum Spartarif S. 102

> GUT ZU WISSEN

Was war wann? S. 10 | Namen und Abkürzungen S. 18 | Spezialitäten S. 26 | Blogs & Podcasts S. 40 | Bücher & Filme S. 50 | Buchgalter mit Galstuk S. 56 | Kleine Kaviarkunde S. 82 | Ab in die Banja! S. 96 | www.marcopolo.de S. 122 |

AUF DEM TITEL

Sotschi: Trekkingtour durch die wilde Taiga S. 118
Jaroslawl: Basar im Kloster S. 34

■ AUSFLÜGE & TOUREN **108**
■ 24 STUNDEN IN MOSKAU **114**
■ SPORT & AKTIVITÄTEN 116
■ MIT KINDERN REISEN 120

■ PRAKTISCHE HINWEISE 122
■ SPRACHFÜHRER RUSSISCH 128

■ REISEATLAS RUSSLAND 132
■ KARTENLEGENDE REISEATLAS 146

■ REGISTER 148
■ IMPRESSUM 149
■ UNSERE INSIDERIN 150

■ BLOSS NICHT! **152**

ENTDECKEN SIE RUSSLAND!

Unsere Top 15 führen Sie an die traumhaftesten Orte und
zu den spannendsten Sehenswürdigkeiten

Die Highlights sind in der Karte auf dem hinteren Umschlag eingetragen

 Ostern
Die tiefe Gläubigkeit der Russen erlebt
man am höchsten christlichen Feiertag
(Pascha) in jeder Kirche (Seite 22)

 Jaroslawl
Eine der schönsten russischen Städte
mit dem Christi-Verklärungs-Kloster am
Ufer der Wolga (Seite 33)

 Moskau
Der Rote Platz und der Kreml sind
Ausgangspunkt für Russland-Touristen
(Seite 38)

 **Dreifaltigkeitskloster
des hl. Sergijus**
Schwarzen Kutten beherrschen das
Bild auf dem Klostergelände in Sergijew
Posad (Seite 44)

 Susdal
Filmkulisse oder Märchenstadt?
Jedes Gebäude hat seine Geschichte
(Seite 46)

 Solowetzkij-Inseln
Eine Bastion Gottes im Weißen Meer.
Die Klosteranlage zählt heute zum
Welterbe der Unesco (Seite 54)

 Kischi
Ein russisches Dorf aus dem 19. Jh.
wurde auf der Insel bei Petrosawodsk
konserviert, Schmuckstück ist die 35 m
hohe Holzkirche (Seite 58)

 St. Petersburg
Im „Venedig des Nordens" schreibt
jeder Stein Geschichte – 3000 Gebäude
stehen unter Denkmalschutz (Seite 60)

> DIE BESTEN MARCO POLO HIGHLIGHTS

 Kreml mit Sophien-Kathedrale
Hinter den Mauern der Befestigungsanlage von Welikij Nowgorod erhebt sich die 1000 Jahre alte Sophien-Kathedrale (Seite 63)

 Wolgadelta
Wo sich „Mütterchen Wolga" nach 3530 Kilometern quer durch Russland ins Kaspische Meer ergießt, liegt eine der vielfältigsten Naturlandschaften (Seite 70)

 Kasan
Die Hauptstadt Tatarstans am Ufer der Wolga ist mit ihren Moscheen und Minaretten das kulturelle Zentrum der Muslime im Land (Seite 70)

 Sotschi
Die Badewanne Russlands: Das Gebiet an der Schwarzmeerküste gilt als der nördlichste subtropische Landstrich der Erde (Seite 87)

 Baikalsee
Das „heilige Meer" oder die „Perle Sibiriens" gilt als Naturwunder. Geschätztes Alter: 25 Mio. Jahre (Seite 104)

 Transsibirische Eisenbahn
Ein Traum wird wahr: einmal mit der „Transsib" tagelang durch die Weiten Russlands rollen (Seite 110)

 Russischer Zirkus
Hier staunen nicht nur Kinder: Tierdressuren, Trapezkünstler und Clowns sind Weltspitze (Seite 120)

WAS
FÜR
EIN
LAND!

Holzkapelle bei Welikij Nowgorod

> Glitzernde Wolkenkratzer neben Zwiebeltürmchen und sowjetischer Bautristesse – die russischen Städte präsentieren sich in abwechslungsreichem Architekturmix. Lässt man die Metropolen hinter sich, ziehen farbenfrohe Holzhäuser am Straßenrand vorüber. Die Ebene wird nur selten durch sanfte Hügel unterbrochen. Wer sich am Strand aalen möchte, reist ans Schwarze Meer. Wer sich für Sakralkunst interessiert, findet am Goldenen Ring reichlich altrussisches Bauwerk. Und wer Restaurants, teure Boutiquen oder Partys bis zum Morgengrauen liebt, ist in Moskau und St. Petersburg gut aufgehoben. Willkommen in Russland!

> **Russland ist ein Land voller Kontraste.** Palmen recken sich entlang der südlichen Strandpromenaden in den Himmel, während im Norden eisige Polarwinde das Thermometer schon mal unter minus 50 Grad Celsius fallen lassen. Auf Kamtschatka im fernen Osten erheben sich Vulkane und fordern Abenteurer heraus, während die Ostseeküste als westlichster Punkt des Landes auf die Bernsteingewinnung setzt. Und irgendwo zwischen dieser landschaftlichen Vielfalt liegt Moskau: Die Zehn-Millionen-Metropole, die auch nachts nicht zur Ruhe kommt und sich immer schneller auf dem Karussell des gesellschaftlichen Wandels dreht.

Im Geschäftsviertel Moskau-City sprießen die weltweit höchsten Bürotürme in den Himmel, um sich gegenseitig an Prunk und Superlativen zu übertrumpfen, in exklusiven Nachtklubs werden schon mal 1000 US-Dollar Eintritt fällig, und die breiten Prachtboulevards sind von Reklametafeln für Luxuswaren dicht gesäumt. Sowjetische Tristesse, das war gestern, Lebenslust und Konsum regieren heute – auch wenn die Finanzkrise von 2008/09 dem Glamour einen deutlichen Dämpfer verpasst hat. In Moskau konzentriert sich aber nicht nur das Kapital, sondern auch die politische Elite des Landes. Da bleibt selbst das prunkvolle St. Petersburg mit seinen barocken Palästen nur als „zweite Hauptstadt" zurück, wie sie im Volksmund oft genannt wird. Und auch der Durch-

> ***Russland – ein Land der Gegensätze und Superlative***

schnittsbürger bleibt außen vor: Jeder Siebte lebt in Russland unter dem Existenzminimum, und so prägen auch um Almosen bittende Rentner das Bild der Großstädte. Aber es besteht Hoffnung: Zunehmend entsteht eine gut ausgebildete Mittelschicht, die längst auf dem eigenen Ikea-Sofa im Warmen sitzt.

Reger Verkehr: Freizeitkapitäne auf einem Parksee in St. Petersburg

Doch auch anderswo im Land bewegt sich was: So wappnen sich die russische Schwarzmeerküste und das Hinterland von Sotschi für den Besucheransturm, der zu den Olympischen Winterspielen 2014 erwartet wird. Während gigantische Infrastruktur- und Investitionspläne die Region zuversichtlich stimmen, äußern Umweltschützer allerdings Bedenken.

Der westliche Fortschritt hat längst auch in der Provinz Einzug gehalten – und sei es nur in Form von amerikanischen Fastfoodketten, japanischen Autos oder Sushirestaurants, die es inzwischen in fast jeder größeren Stadt gibt. Wirtschaftliches Zugpferd des Landes bleibt der europäische Teil Russlands, mit seinen Industrie- und Ballungszentren. Auf internationalem Parkett lässt Russland mit seinen reichen Öl- und Gasvorkommen gerne mal seine Muskeln spielen – die Supermacht ist zurück auf der Weltbühne.

Geografisch war Russland schon immer gigantisch, unter den Zaren ebenso wie unter der Sowjetmacht und auch heute. Russland war Kernland, andere Gebiete schlossen sich freiwillig an oder wurden durch Krieg, Annexion und politische Unterdrückung einverleibt. Mit welchem Staat der Erde wäre dieses Land vergleichbar? Russland ist ein Kontinent, mehr als doppelt so groß wie Australien, fast 50-mal so groß wie Deutschland. Und Russland ist ein Vielvölkerstaat, in dem die Russen mit über 80 Prozent allerdings den größten Anteil haben. In autonomen Republiken, Gebieten und Krei-

> **Vielvölkerstaat mit gigantischen Dimensionen**

sen leben Chanten, Mansen, Ewenken, Nenzen, Permjaken, Korjaken, Dolganen und Tschuktschen. Fast 10 000 km misst die Entfernung zwischen den Küsten der Ostsee und der Tschuktschen-See im Fernen Osten. Das Territorium des Landes erstreckt sich über elf Zeitzonen. Dämmert im Westen der Morgen, neigt sich im Osten bereits der Tag. Der nördlichste Punkt liegt hinter dem Polarkreis am Kap Tscheljuskin in Sibirien, den südlichsten Punkt bildet die Region Wladiwostok am Japanischen Meer. Russland grenzt an 14 Nachbarstaaten; der kleinere Teil Russlands liegt in Europa und wird im Osten vom Ural begrenzt, der größere Teil liegt in Asien und schließt Sibirien und den Fernen Osten ein. Russland verbindet Europa und Asien. Alexander von Humboldt prägte den Begriff Eu-

WAS WAR WANN?

ab 700 Normannische Kaufleute (Waräger) gründen Stützpunkte an Dnjepr und Wolga und 862 den russischen Staat

988 Wladimir I. führt mit seiner Taufe das Christentum ein

1236–41 Mongolen unterwerfen die russischen Fürstentümer

1547 Iwan IV. (der Schreckliche) wird Zar und „Selbstherrscher"

1613 Mit Michail Romanow beginnt die Zarendynastie der Romanows

1682–1725 Peter I. (der Große) macht Russland zur Großmacht

1762–96 Katharina II. (die Große) tritt mit Reformen hervor

1812–14 Napoleon fällt in Russland ein; Feldzug endet im Fiasko

1914 Kriegserklärung Deutschlands an Russland

1917 Bürgerliche Revolution, Zar Nikolaus II. dankt ab; Oktoberrevolution unter Lenin

1922 Bildung der UdSSR, der Union der Sozialistischen Sowjetrepubliken

1927–39 Kollektivierung, Enteignung, Deportationen und politische „Säuberungsaktionen" unter Stalin

1941–45 Deutschland überfällt die Sowjetunion: 20 Mio. Tote

1953 Tod Stalins

1985 Michail Gorbatschow: liberale Innenpolitik

1991 Zerfall der UdSSR; Bildung der Gemeinschaft Unabhängiger Staaten (GUS)

2008 Dmitrij Medwedew löst Wladimir Putin als Präsident ab

rasien. Über 3 Mio. Ströme und kleinere Flüsse durchziehen das Land, 200 von ihnen sind länger als 500 km. Einige fließen gemächlich durchs Tiefland, wie der Ob, andere, wie die Angara, der einzige Abfluss des Baikalsees, entfalten gewaltige Kräfte. Der russischste von allen ist die Wolga, liebevoll „Mütterchen" genannt, die ins Kaspische Meer mündet.

Russland teilt sich in vier Klimazonen. Im äußersten Norden herrscht polares und subpolares Klima, gefolgt von zwei Zonen, die von kaltem bzw. gemäßigtem Kontinentalklima geprägt sind. Allein im tiefen Süden – an der Schwarzmeerküste etwa – wird es subtropisch. Ebenso abwechslungsreich präsentieren sich die Vegetationszonen. Während ein spärlicher Flechtenwuchs im hohen Norden Grundnahrung für Rentiere ist, gedeihen im Süden Reis, an den Hängen des Kaukasus Tee und in der fernöstlichen Primorje-Region Sojabohnen. Die waldreiche Taiga zieht sich quer durchs Land. Russland, das heißt Wald: Die Hälfte der weltweiten Holzvorkommen stehen auf russischem Boden. Eine alpine Gebirgsflora trifft man im Kaukasus und im Ural an. Die Artenvielfalt der Tierwelt ist groß: von Walross und Eisbär über Braunbär, Wolf, Luchs und Elch bis zu Tiger, Leopard und Antilope.

Von den Jahreszeiten prägen sich vor allem der Sommer und der Winter ein. Der Frühling ist kurz und kommt mächtig, viel rascher als in Mitteleuropa. Während Schnee und Eis noch tauen, bricht das Grün an den Sträuchern und Bäumen heftig hervor. Der

Sommer ist warm, ja heiß und in mittleren Breiten nicht selten feucht

> Vergiss die Vorurteile, urteile nicht – schaue!

– und kurz, kaum länger als drei Monate. Aber er lässt die Natur üppig erblühen. Zwar hat auch der Herbst

mit Despotie und Freiheitsdrang nimmt Einfluss auf ihre Gefühlswelt. Der russische Mensch, meinte der Schriftsteller Anton Tschechow (1860–1904), lebe „gern in Erinnerungen …, weniger jedoch in der Gegenwart". Es scheint für ihn kein Heute zu geben, allein Vergangenheit und Zukunft: Das ist „der wichtigste nationale Charakterzug der Russen".

Noch durchstreift er die Wälder des Nordens: Sibirischer Tiger im Schnee

schöne Tage, aber vor allem ist er grau und düster. Erst wenn der erste Schnee unter den Sohlen knirscht, wenn in der Mittagszeit die Sonne am Himmel steht, kehrt Normalität ins Leben der Menschen zurück.

Die Weite des Landes, die Natur mit ihren gewaltigen Kontrasten, die mitunter dunkle Geschichte haben die Menschen geformt. Der Umgang mit der Natur, mit Größe und Vielfalt,

Jeder Russland-Tourist sollte seine eigenen Erfahrungen machen, und deshalb zum Schluss noch ein Rat der Geschwister Erika und Klaus Mann, die während einer Weltreise 1929 notierten: „Bei einem ersten Aufenthalt in Russland sollte man sich, eifriger noch als in anderen Ländern, jeden Tag, den Gott werden lässt, vorhalten: Vergiss die Vorurteile, die positiven wie die negativen, urteile nicht – schaue!"

▶▶ TREND GUIDE RUSSLAND

Die heißesten Entdeckungen und Hotspots! Unser Szene-Scout
zeigt Ihnen, was angesagt ist

Christian Jahn

ist Journalist und Freelancer in Russland. In seiner Freizeit testet er die Restaurants der russischen Hauptstadt – vor allem die kaukasische
Küche hat es ihm angetan. Oder er macht in einem der angesagten Clubs die Nacht zum Tag.
An Russland gefallen ihm der Mix aus Sowjet-
Style und Moderne und der schnelle Rhythmus
der pulsierenden Metropolen.

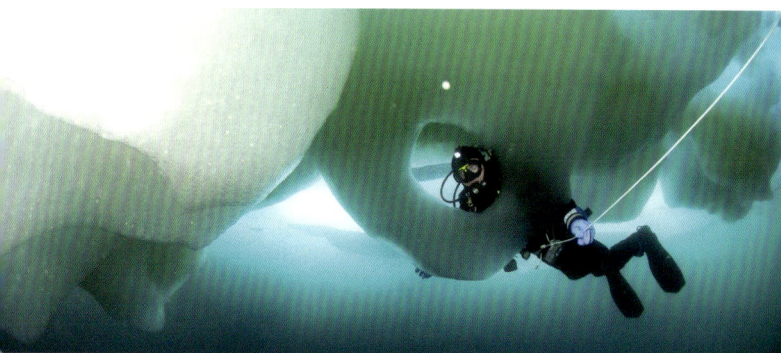

▶▶ TAUCHEN UNTER EIS

Eiskaltes Vergnügen

Über ein Loch in der Eisdecke gleiten Taucher in die faszinierende Unterwasserwelt des
Baikalsees. Die unheimliche Stille des Sees wird nur vom Knacken des Eises unterbrochen.
Mit den Guides des *Sval Diving Clubs (Ul. 1-aja Sowjetskaja 58, Irkutsk, www.svaldi
ving.ru)* geht es gut gesichert auf Eistauchtour durch das komplizierte Wegenetz aus Höh-
len und Eisschluchten unter der Oberfläche. Auch die Profis von *Baikal Tek (Ul. 1-aja Kras-
nokasachija 85, Irkutsk, www.baikaldiving.ru, Foto)* und *Tri izmereniya (Ul. F. Engelsa 33,
Irkutsk, www.3dm.ru)* sind bestens gerüstet.

SZENE

▶▶ ALLES IN EINEM

Shoppen und Clubben

Das All-in-one-Konzept, bei dem Designerläden Einkauf und Barbetrieb verbinden, geht auf: So gibt's bei *Denis Simachev* im ersten Stock Pelzmützen und T-Shirts mit lockeren Sprüchen, während an der Bar im Erdgeschoss Moskauer Szenegrößen nicht nur abends ihre Drinks, wie den White Russian, genießen *(Stoleschnikow pereulok 12/2, Moskau, www. denissimachev.ru, Foto)*. Edel: Die Shop-Bar von Igor Schapurin. Der Designer setzt auf gedämpftes Licht und luxuriöse Materialien *(Schapurin, Kuznetskij Most 6/3, Moskau, www.chapurin.ru)*. In der Laden-Bar *Soljanka* verführt das besondere Ambiente des alten Herrenhauses nicht nur zum Einkaufen, schließlich ist es in Russland niemals zu früh für ein Gläschen Wodka *(Soljanka 11, Moskau, www.s-11.ru)*.

▶▶ DIE RUSSEN KOMMEN!

Filmfieber

Das junge russische Kino bringt starke Bilder auf die Leinwand: Mit dem Film *Die toten Töchter* gelang Regisseur Pawel Ruminow *(http://ruminov-live.live journal.com, Foto)* der Durchbruch. Bereits im Alter von 20 Jahren landete die Filmemacherin Valerija Gai Germanika mit *Mädchen* ihren ersten Achtungserfolg. Jetzt legt sie mit *Alle sterben, nur ich bleibe* nach. Das Moskauer Festival *kinoteatr.DOC* fördert Nachwuchstalente wie Ruminow und Gai Germanika *(www.kinoteatrdoc.ru)*. Junge russische Filme zeigen das Moskauer Programmkino *35mm (Pokrowka 47/24, Krasniye worota, www.kino35mm.ru)* sowie die Kinos im *Haus der Literaten (Bolschaja Nikitskaja 53, www.cdlart.ru)* und im *Haus des Kinos (Ul. Wasiljewskaja 13, www.unikino.ru)*.

▶▶ SIMPLE FOOD

Nostalgie auf dem Teller

„Simple Food" heißt die Philosophie, die russische Gourmets von Austern und Hummer zurück zu Plinsen und Buchweizen bringt. Bei aller Nostalgie kommt jedoch modernes Ambiente nicht zu kurz. So auch im Moskauer Designtempel *Café Vogue (Vogue 7, Kuznetsky Most),* wo die Highsociety bei Kefir und Schwarzbrot die Küche von Mütterchen zelebriert. Das schicke *Facecafé* serviert russische Pelmeni mit Krevetten oder Wareniki-Kartoffelkuchen *(Nabereschnaja Kanala Gribojedowa 29a, St. Petersburg, www.facecafe.ru).* Die angesagteste Suppenküche Moskaus: *das Sup-Café (Ul. 1-aja Brestskaja 62).*

▶▶ EVENT-SCHLAFEN

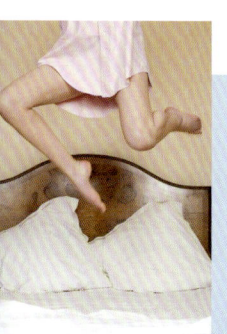

Ungewöhnliche Hotels

Das Hotel *Tarelka,* zu Deutsch „Teller", hat die Form einer fliegenden Untertasse. Es liegt in 2250 m Höhe auf dem Berggipfel des Mussa-Achitara bei Dombai *(www.dombai.info/engl/hot_tarel ka.shtml).* Das Motto „Hotel als Designobjekt" zeigt sich auch in dem tunnelförmige Bau *Lisja Nora,* „Fuchsbau", der sich über eine grüne Wiese bei Moskau schlängelt *(Moskowskaja oblast, Ikscha, derewnija Ignatowo, www.foxlodge.ru).* Wohnen wie ein russischer Kaufmann aus dem 19. Jh., im traditionellen Holzhaus, aber mit dem Komfort von heute? Das geht im Hotel *Nikolajewsky posad* in Susdal. Im Restaurant gibt's Kost nach altrussischen Rezepten, im Zimmer Satelliten-TV, Internet und Whirlpool *(Ul. Lenina 138, Susdal, Wladimirskaja oblast, www.nposad.ru).*

▶▶ HIP-HOP SOUND

Russki Rap Rulez

Während man Rapper wie *Krowostok (www.krovos tok.ru)* oder *KACh (www.ka4spb.ru)* für ihre Hinterhof-Attitüden bewundert, sind Künstler wie *Basta (www. bastaone.com)* bereits Stars. Mit dem Sänger *Guf* nahm er den Song *Gorod Dorog (Teure Stadt)* auf, der die russischen Charts stürmte. R'n'B-Partys und Rap-Konzerte bestimmen auch das Programm der Moskauer Clubs *Black Star Club (Kaufhaus Jewropejski, 7. Etage)* und *Ikra (Ul. Kasakowa 8, www.nobullshit.ru).* In St. Petersburg steigen die angesagten Black-Music-Events im *Rossi's (Ul. Sodschego Rossi 1/3, www.rossis.ru).*

>> SPITZENREITER

Superlative in der Architektur

Russlands Wirtschaft boomt, und gewagte Bauprojekte symbolisieren den Start in die Zukunft. Bereits in Planung: Der britische Stararchitekt Norman Foster wird die Skylines von Moskau und St. Petersburg neu gestalten. Zu den außergewöhnlichen Projekten zählen u. a. auch der *Russia Tower* in Moskau, der mit 600 m in die Reihe der höchsten Skyscraper der Welt gehören wird, und *Crystal Island*, eine Glaspyramide in Süd-Moskau. Der Energiekonzern *Gazprom* arbeitet an einem weiteren Megaprojekt in St. Petersburg: Das 396 m hohe *Ochta Centr* hat die Form einer Flamme *(www.ohta-center.ru*, Foto*)*. Aber auch in der Provinz sollen Türme in den Himmel wachsen: In Chanty Mansiysk plant Foster ein in der Taiga weit sichtbares, nadelförmiges Hochhaus aus Glas. In Moskau sind bereits einige Bauwerke fertiggestellt: das Hochhaus *Kitesch* mit der Form eines Schiffs unweit des Kiewer Bahnhofs *(Ul. Kiewskaja, Gelände 3–7, 17)* und die neue Fernsehschule *(Malaja Dimitrowka)*.

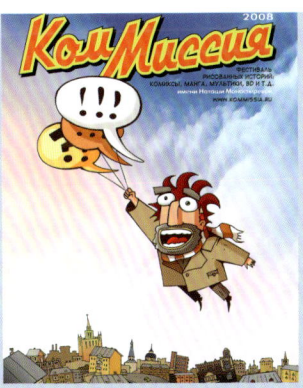

>> COMIC-WELT

Fantastisch & phantasievoll

Ob Gothic, Underground oder Mangas – die russische Comic-Szene lebt! Einmal jährlich bringt das Festival *KomMissiya* im Zentrum für Gegenwartskunst *M'ARS (Puschkarew pereulok 5, Moskau, www.kommissia.ru,* Foto*)* die besten russischen und internationalen Illustratoren und Game-Designer zusammen. Besonders beliebt sind Dascha und Mascha Konopatowa aus Wolgograd, die ihre Anhänger kurz die *KomixSisters* nennen *(http://komixsisters.live journal.com)*. Wenn die Schwestern zu Feder und Tusche greifen, wird es unheimlich. *Archiv des Grauens (Archiv uschasow)* und *Breakers o'Silence* heißen ihre gefeierten Serien. Polina Smirnova, alias *Apolinarias,* hat ihr Zeichentalent weiter ausgebaut – ganz Business-Lady vermarktet sie über ihre Online-Plattform im eigenen Internetshop ihre Comic-Zeichnungen auf T-Shirts, Kaffeebechern und Taschen *(www.apolinarias.ru)*. Bei der Künstlerinitiative *Koms* widmen sich russische Zeichner den animierten Comics und setzen mit ihrer mehrsprachigen Website auf Internationalität *(www.koms.ru)*.

DATSCHA

Vielen Russen fehlt das Geld zum
Verreisen. Eine Alternative für den
Sommerurlaub und das Wochenende
ist die eigene Datscha. Meist liegen
die Bungalows in herrlicher Natur,
nicht selten in einer Datschen-Sied-
lung. Man fährt ein, zwei Stunden
mit dem Auto oder dem Zug und
schon ist man im eigenen kleinen Paradies. Die Datscha dient aber nicht
nur der Erholung: Viele Russen halten sich mit dem Gemüseanbau auf
der Datscha über Wasser oder ver-
kaufen Obst und Gemüse auf der
Straße oder dem Markt.

DUMA

Die oberste Volksvertretung Russlands ist seit 1993 wieder die *Duma,*
die Volkskammer des Parlaments.
Sie wird auf vier Jahre gewählt und

Bild: Datschen bei Belasseski

STICH WORTE

besteht aus 450 Abgeordneten. Die russische Verfassung sieht ein Zwei-Kammer-Parlament vor, das neben Duma auch den Föderationsrat umfasst. Dieser vertritt die 88 Föderationssubjekte (Regionen) Russlands.

IKONEN

Russland ist reich an Zeugnissen von Heiligenbildern. Man findet sie in vielerlei Formen und Größen in Klös-tern, Kathedralen und Museen. Die Ikonenmalerei entstand als Zweig der byzantinischen Sakralkunst. Die Christianisierung der Kiewer Rus brachte zahlreiche Maler aus Konstantinopel ins Land. Die Inhalte orientierten sich an religiösen literarischen Vorlagen wie der Bibel, Legenden und Hymnen. Bis ins 17. Jh. dominierte die Moskauer Ikonenschule, die vor allem durch Andrej Rubljow (1360–1430) ihre Blütezeit erreichte.

KALININGRAD

Russlands westlichste Region, die bis 1946 Königsberg hieß, ist heute eine Enklave in der Europäischen Union. Um die isolierte Verwaltungseinheit für Investoren attraktiver zu machen, wurde eine Sonderwirtschaftszone gegründet. Ein entsprechendes Gesetz sieht Steuervergünstigungen für Investoren vor. 2005 feierte die Stadt ihr 750. Gründungsjubiläum. Entsprechend wurden Dom, Hauptbahnhof, Siegesplatz und Christ-Erlöser-Kathedrale saniert, teilweise dauern die Arbeiten noch an. Die Stadt (473 000 Ew.) wird heute im Volksmund liebevoll „Kenig" genannt, in Anlehnung an den historischen Namen. Der wohl berühmteste Sohn der ehemals ostpreußischen Stadt ist Immanuel Kant, dessen Grab sich an der Dommauer befindet. Der Reichtum der Region schimmert von weiß bis dunkelbraun: Im Gebiet Kaliningrad werden 90 Prozent des Weltvorkommens an Bernstein gefördert. Ausführliche Informationen finden Sie im MARCO POLO Band „Kaliningrader Gebiet".

KOSAKEN

Gegenwärtig bekennen sich 11 Mio. Menschen in der ehemaligen Sowjetunion zu ihrer kosakischen Herkunft. Nach Jelzins Rehabilitierungserlass 1990 schlossen sich die neu entstandenen regionalen Landsmannschaften zur Gesamtrussländischen Kosakenunion zusammen. Diese tritt für den Erhalt des russischen Imperiums ein, ist staatstreu und schwört auf die integrierende Rolle des russisch-orthodoxen Glaubens. Die Kosaken erhoffen sich von der Regierung weiter reichende Sonderrechte wie militärische und polizeiliche Kompetenz, die sie einst unter dem Zaren besaßen.

Die Kosaken (türkisch *kasak*, „Nomade") waren seit dem 15. Jh. Angehörige militärisch organisierter Gemeinschaften. Sie lebten vor allem in den südlichen und östlichen Grenzgebieten und wählten selbst ihre Anführer, die Atamane. Die Kosaken formierten sich, als zahlreiche leibeigene Bauern aus den zentralrussischen Gebieten und aus der Ukraine flohen und sich in den Randgebieten niederließen. Oft waren sie

> NAMEN UND ABKÜRZUNGEN
Anmerkungen zur Transkription

Im Text wird wegen der besseren Lesbarkeit die in Deutschland übliche Duden-Transkription verwendet. Auf den Karten finden Sie dagegen die international übliche Schreibweise nach UN-Tabelle. In einigen Fällen sind die Unterschiede zwischen beiden Schreibweisen recht deutlich.

Wichtige Abkürzungen:

Bul.	Bulwar (Boulevard)	**Pl.**	Ploschtschadj (Platz)
Nab.	Nabereschnaja (Uferstraße)	**Pr.**	Prospekt (Allee)
		Sch.	Schosse (Chaussee)
Per.	Pereulok (Weg)	**Ul.**	Uliza (Straße)

STICHWORTE

Goldene Kuppeln krönen die Mariä-Verkündigungs-Kathedrale im Moskauer Kreml

an Aufständen beteiligt. Nach der Revolution von 1917, bei der sie sowohl auf Seiten der Roten als auch der Weißen kämpften, waren sie Verfolgungen ausgesetzt, wurden hingerichtet oder deportiert.

KREML

Viele alte Städte Russlands haben einen Kreml. Der bekannteste Kreml ist jener am Roten Platz in Moskau. Vom 12. bis 15. Jh. entstanden diese festungsartigen Stadtteile als Kern von Ansiedlungen. Die „Burgstädte" sind meist bedeutende Architekturensembles mit Kathedrale, Kirchen, Glockenturm und häufig dem Sitz des Erzbischofs. Der Kathedralenplatz im Zentrum der Anlage war Versammlungsort, wo wichtige Entscheidungen getroffen sowie Urteile gefällt und vollstreckt wurden.

KYRILLISCH

Die Kyrilliza, das russische Alphabet, ist aus dem griechischen entstan-

den und seit dem 10. Jh. in Russland gültig. Bereits damals gab es in der Kiewer Rus auf der Grundlage des von dem Slawenapostel Kyrill geschaffenen Alphabets eine Schrift. Die russische Sprache gehört zur Familie der ostslawischen Sprachen. Mit der Sprachreform durch Zar Peter I. wurden die Voraussetzungen für die Entwicklung der russischen Literatursprache aus dem Kirchenslawischen geschaffen.

LENIN FOREVER

Einmal jährlich stehen die Besucher des Mausoleums auf dem Roten Platz in Moskau vor verschlossenen Türen – wenn Lenins Leichnam mehrere Wochen lang einbalsamiert wird. Kritiker sprechen sich immer wieder für ein würdiges Begräbnis des ehemaligen Revolutionärs aus. Ein Museum aller landesweit ausrangierten Lenin-Denkmäler plant hingegen der Gouverneur von Uljanowsk, der Geburtsstadt von Wladimir Iljitsch Uljanow (1870–1924).

Der weltgrößte Lenin-Kopf steht in Ulan-Ude, der Hauptstadt Burjatiens: Über 5 m hoch ist das bizarre Granitdenkmal im Stadtzentrum.

Gigantisch: Lenin-Kopf in Ulan-Ude

MEDIENFREIHEIT

Obwohl die Pressefreiheit gesetzlich verankert ist, sind Missstände an der Tagesordnung. Vor allem in der Provinz werden die meisten Zeitungen staatlich subventioniert – entsprechend regierungskonform ist die Berichterstattung. Oppositionelle Medien können sich kaum finanzieren, da sich zahlungskräftige Werbepartner auf Distanz halten. Nur einige wenige Medien sind in der Hand der Oligarchen, die wiederum eigene Interessen verfolgen. Internationales Aufsehen erregte die Ermordung von Anna Politkowskaja im Oktober 2006 in Moskau. Die Journalistin hatte sich mit ihrer kritischen Berichterstattung über Korruption und den Tschetschenien-Konflikt einen Namen gemacht.

RUS

Der Name „Russland" leitet sich von dem finnischen Wort *Rus* (Ruderer) ab. Nach Jahren der Unterdrückung und Tributpflicht, von Belagerung und Bruderzwist schaffte es der zum Christentum bekehrte Fürst Wladimir vor 1000 Jahren, den Rus-Staat zu festigen. Das Reich der Kiewer Rus erstreckte sich damals vom Ladoga-See im Norden bis zur Krim-Region, von der Weichsel bis zur Wolga.

RUSSISCH-ORTHO-DOXE KIRCHE

Vom 10. Jh. an setzte sich das griechisch-orthodoxe Glaubensbekenntnis von Byzanz aus auch im damaligen Russland durch. Nach der Christianisierung unter Wladimir im Jahr 988 wurde in Kiew, später auch in Wladimir und Moskau, ein Metropolit eingesetzt. Heute nennt sich das kirchliche Oberhaupt Patriarch. Über 70 Jahre war der christliche Glaube nach der Oktoberrevolution von staatlicher Seite bekämpft worden. Mit dem Leninschen Dekret von 1918 wurde die Orthodoxie als Staatskirche liquidiert. Ihr Besitz wurde beschlagnahmt, Tausende Kirchen geplündert und als Hort der Agitation gebrandmarkt, Priester wurden in Lager geschickt. Seit 1990 gilt wieder Religionsfreiheit. Und die Russen nehmen sie in Anspruch. Das im Dezember 2008 verstorbene Kirchenoberhaupt Patriarch Alexej II. wollte keine Verquickung von Kirche und Staat und beharrte auf Selbstständigkeit.

> *www.marcopolo.de/russland*

TRANSSIB

Die längste Bahnlinie der Welt – 9296 km – führt über Jaroslawl, Perm, Jekaterinburg, Omsk, Nowosibirsk, Irkutsk, Ulan-Ude, Tschita und Chabarowsk. 1891 war in Wladiwostok mit dem Bau der Transsibirischen Eisenbahn begonnen worden. Bereits drei Jahre später war die erste Teilstrecke nach Iman (404 km) in Betrieb. Auch von Westen her wurde die Magistrale vorangetrieben. 1895/96 schufteten 89 000 Arbeiter an der Strecke. Pro Jahr wurden 650 km fertiggestellt, bis 1905 das letzte Gleisstück verlegt war. Zunächst fuhr die Bahn eingleisig, in den 1930er-Jahren kam eine Parallelstrecke hinzu.

WIRTSCHAFT

Die Talfahrt der russischen Wirtschaft, die das Ende der Sowjetunion mit sich brachte, schien vorerst beendet. Dazu haben hohe Weltmarktpreise für Öl und Rohstoffe, aber auch die Herausbildung eines Dienstleistungssektors beigetragen. Die Finanzkrise, die 2008 die Welt erfasste, ist jedoch auch an Russland nicht spurlos vorübergegangen. Prestige-Bauprojekte liegen vorerst auf Eis, und die Bevölkerung fürchtet, dass sich der Wirtschaftskollaps von 1998 wiederholen könnte, als der Rubelkurs auf ein Drittel einbrach, viele Banken Insolvenz anmeldeten, und die Sparer ihre Vermögen verloren. Seit Jahren ist Deutschland wichtigster Handelspartner, 2007 stiegen die Exporte nach Russland gar um 20 Prozent. Trotz des Wirtschaftsbooms beklagen ausländische Investoren Korruption, die Übermacht des Staates, fehlende Infrastruktur und andere Missstände. Russlands Beitritt zur WTO wurde auf Ende 2009 verschoben.

❯DAS KLIMA IM BLICK

Handeln statt reden　　atmosfair

Reisen bereichert und verbindet Menschen und Kulturen. Jedoch: Wer reist, erzeugt auch CO_2. Dabei trägt der Flugverkehr mit bis zu 10 % zur globalen Erwärmung bei. Wer das Klima schützen will, sollte sich somit nach Möglichkeit für die schonendere Reiseform (wie z. B. die Bahn) entscheiden. Wenn keine Alternative zum Fliegen besteht, so kann man mit *atmosfair* handeln und klimafördernde Projekte unterstützen.

atmosfair ist eine gemeinnützige Klimaschutzorganisation.

Die Idee: Flugpassagiere spenden einen kilometerabhängigen Beitrag für die von ihnen verursachten Emissionen und finanzieren damit Projekte in Entwicklungsländern, die dort helfen, den Ausstoß von Klimagasen zu verringern. Dazu berechnet man mit dem Emissionsrechner auf *www.atmosfair.de*, wie viel CO_2 der Flug produziert und was es kostet, eine vergleichbare Menge Klimagase einzusparen (z. B. Berlin–London–Berlin: ca. 13 Euro). *atmosfair* garantiert, unter der Schirmherrschaft von Klaus Töpfer, die sorgfältige Verwendung Ihres Beitrags. Auch der MairDumont Verlag fliegt mit *atmosfair*.

Unterstützen auch Sie den Klimaschutz: *www.atmosfair.de*

DER HÖHEPUNKT IST OSTERN

Wiederentdeckte Bräuche und viel Frohsinn

> Die wichtigsten Feste der russisch-orthodoxen Kirche sind Weihnachten und – vor allem – ⭐ Ostern (Pascha) im Frühjahr (März/April). Am Ostersonntag strömen die Gläubigen in die Kirche, zünden Kerzen an, lauschen den gewaltigen Stimmen der Basssänger und beteiligen sich zusammen mit Priestern und Ministranten an den Prozessionen, die rund um die Kirche führen. Eine solches Bild vergisst der Tourist nie! An diesem Tage besuchen viele Familien auch ihre Angehörigen auf dem Friedhof, bringen Eier, Brot und Salz, und manchmal stellen sie auch ein Gläschen Wodka dazu.

Das große Familienfest ist das *Neujahrsfest* vom 31. Dezember auf den 1. Januar. „Väterchen Frost" *(Ded Moros)* und „Schneeflöckchen" *(Snegurotschka)* werden begrüßt, und unter dem Tannenbaum *(Jolka),* mit blinkenden Elektrogirlanden, Lametta und Plastikkugeln geschmückt, tauscht man kleine Geschenke aus. Viele Familien feiern am 14. Januar das „alte neue Jahr", nach dem Julianischen Kalender.

OFFIZIELLE FEIERTAGE

1.–5. Jan. *Neujahrstage;* **7. Jan.** *Weihnachten;* **23. Feb.** *Tag der Vaterlandsverteidiger;* **8. März** *Internationaler Frauentag;* **1. Mai** *Tag des Frühlings und der Arbeit;* **9. Mai** *Tag des Sieges;* **12. Juni** *Tag der Souveränitätserklärung der Russischen Föderation;* **4. Nov.** *Tag der Einheit des Volkes*
Fällt ein offizieller Feiertag auf ein Wochenende, ist meist der darauffolgende Montag arbeitsfrei.

FESTE UND VERANSTALTUNGEN

Dezember/Januar
Russischer Winter: Dieses Kunst- und Folklorefest findet im ganzen Land statt. Die besten Theater stellen ihre Inszenierungen vor, in den Konzertsälen gibt sich die Creme des Gesangs und der Musik ein Stelldichein. Unterhaltung pur auch in verschneiten Parks mit Volksbräuchen und -spielen. Eine *Trojka-Schlittenfahrt,* mit Decken gut gegen den Frost geschützt, ist angesagt.

Insid Tip

> EVENTS
FESTE & MEHR

Januar

Siberian Ice Marathon: Beim kältesten Volkslauf der Welt, einem Halbmarathon über 21,5 km im sibirischen Omsk, gehen am 7. Jan. auch deutsche Läufer an den Start. Touren vermittelt z.B. *www.nordic-walkingurlaub.de*

März

⭐ *Masleniza (Fastnachtswoche):* Als Auftakt zur Fastenzeit herrscht Gaudi pur! Derbe russische Sitten, z.B. eine Massenprügelei, werden inszeniert, Blini und Honigwein *(Medowucha)* den Gästen gereicht und am Ende der Woche eine Strohpuppe verbrannt. Mit diesem Fest wird der Winter vertrieben.

Festival des Nordens: Rentierrennen, Freudenfeuer und ein Skimarathon stehen im Mittelpunkt dieser sportlichen Herausforderung in Murmansk und Umgebung (letzte Märzwoche).

Mai

Pilgerfahrt an die Wolga: Ende Mai pilgern Gläubige nach Wolgowerchowje – zur Segnung der Wolgaquelle durch den Erzbischof. Nach der Liturgie ziehen alle zu der kleinen Holzkapelle, in der sich die Quelle befindet.

Juni

Moskauer Filmfestival: Das Kinoereignis des Jahres mit internationaler Beteiligung. Retrospektive sowjetischer Klassiker. *www.miff.ru*
Weiße Nächte in St. Petersburg: Wenn es nachts an der Newa kaum dunkel wird, ist die Zeit für Konzerte, Tanz- und Ballettaufführungen. Zwischen Mitte Mai und Mitte Juli lockt u.a. das *Marijnskij-Theater* mit vielen Veranstaltungen.
Sabantui: Die traditionellen Ringerwettkämpfe und Reiterspiele der Tataren finden in und um Kasan statt.

September

Schlacht von Borodino: Vor den Toren Moskaus stellen Historienklubs Napoleons Feldzug aufwendig inszeniert nach. Am 7. Sept. 1812 versuchte dieser, den Kreml einzunehmen. *www.borodino.ru*

> Greif recht zu, das lieb ich sehr, hier steht ein neuer Teller. Mach die Schüssel völlig leer, zwei sind noch im Keller." Diese Sätze des Fabeldichters Iwan Krylow treffen drei Wesenszüge der Tischsitten in Russland: Man isst gern, gut und üppig – und man animiert ebenso gern Gäste dazu.

Die heutige russische Küche ist rund 150 Jahre alt. Unverkennbar sind Einflüsse des Orients und der westeuropäischen – besonders der französischen – Küche, die im 17. und 18. Jh. die Speisen in den Salons bestimmte. Unter der Sowjetmacht flossen dann kulinarische Kostbarkeiten anderer Nationalitäten ein. So findet man heute auch ukrainischen *Borschtsch,* eine Suppe aus vornehmlich roten Rüben, oder georgische *Saziwi,* ein Kaltgericht aus Huhn oder Pute.

Zwei Dinge fallen verlockend auf: die abwechslungsreichen *Sakuski*

Bild: typisch russisches Menü

ESSEN & TRINKEN

(Vorspeisen) und die Vielzahl an *Sup* (Suppen) – süß oder sauer, heiß oder kalt. Das klassische Menü in einem gehobenen Restaurant besteht aus Vorspeise, Suppe, Hauptgericht und Dessert. Zur Vorspeise konkurrieren Kaviar, Lachs und Hering mit den feinsten Salaten aus Schinken, Zunge und Würstchen, mit Pasteten oder Fleisch- und Fischbällchen, mit Gurken, Tomaten und Knoblauch, frisch oder mariniert. Fast jeder Neuling

langt bei der *Sakuska* so kräftig zu, dass für die kommenden drei Gänge nur noch wenig Platz bleibt.

Auch bei den Suppen sind der Phantasie keine Grenzen gesetzt. Richtig abgestimmt, passt so ziemlich alles in den Suppentopf: Gemüse und Pilze, Fleisch und Fisch, Graupen und Nudeln. Die Seniorin unter den Suppen ist *Schtschi*. Seit über hundert Jahren kommt sie zu jeder Jahreszeit auf den Tisch. Hauptbestandteil ist frischer oder gesäuerter Weißkohl, verfeinert durch Sauerampfer, Brennnesseln, Pilze sowie verschiedene Kräuter und Gewürze. Die kräftige Brühe liefern Rind- oder Schweinefleisch. An heißen Tagen sind kalte Suppen, oft unter Hinzugabe von *Kwas*, einer gesäuerten Flüssigkeit aus Brot, mit Gemüse, Fleisch- oder Fischeinlagen, eine erfrischende Empfehlung. Den rechten Pfiff erreichen alle Suppen erst durch *Smetana*, eine sämige, saure Sahne.

Die Hauptgerichte sind dagegen weniger interessant. Es gibt reichlich Innereien, Kochfleisch und Geflügel,

> SPEZIALITÄTEN

Genießen Sie die typisch russische Küche!

Babuschka – Dessert aus Erdbeeren, in Wodka mit Zucker und Orangensaft eingelegt, dazu sahniger Quark

Bef Stroganow – geschnetzeltes Rindfleisch, mit Zwiebeln und Pilzen zubereitet und mit Smetana verfeinert (Foto)

Botwinja – festliche kalte Vorsuppe auf Kwas-Basis, zu der kleine gekochte Fischstückchen gereicht werden.

Kissel – erfrischendes Dessert aus angedicktem Fruchtsaft, mit frischen Früchten oder Backobst serviert

Medowucha – Getränk aus Wasser, Honig und Hefe, das in Holzfässchen gekühlt wird

Okroschka – kalte Suppe aus Rinderbrühe mit Gurken, Frühlingszwiebeln, Senf, Zucker, Salz und Ei, in die langsam etwas Kwas gegossen wird

Rassolnik – Rinderbrühe mit Sauerampfer, Zwiebeln, Spinat, Sellerie und Dillgurke. Der Pfiff: klein geschnittene, gebratene Niere als Einlage

Schtschi mit Äpfeln – pikante Kohlsuppe, in die kurz vor Ende des Garprozesses kleine Stücke von sauren Äpfeln gegeben werden

Schweinebraten à la Borissow – klein geschnittenes Schweinefleisch, Zwiebeln, Kartoffelstückchen, Tomaten und Paprika: im Tontopf übereinander geschichtet und in der Röhre gebraten

Soljanka – scharfe, säuerliche Suppe, mit den verschiedensten Sorten Fleisch (mitunter auch Fisch) und klein gehackten Salzgurken. In der Mitte prangt ein Smetana-Häubchen, mit Dill bestreut.

Wareniki – mit Quark, Kartoffeln oder Pilzen gefüllte Teigtaschen; im Unterschied zu Pelmeni meist ohne Fleisch

Winegret – russischer Salat französischer Herkunft: Kartoffeln, Rote Beete, Erbsen, Salzgurken, Rinderzunge oder Kalbsbraten

Wobla – handlanger, gesalzener, an der Luft getrockneter Weißfisch (z.B. Kaspi-Plötze), der gern zum Bier gegessen wird

Geschnetzeltes mit Zwiebeln und Pilzen. Wer glaubt, mit *Kotleta* das bekannte Kotelett gefunden zu haben, wird feststellen, dass sich dahinter Hackfleisch verbirgt. Für den ausgefallenen Geschmack (und für den größeren Geldbeutel) bieten sich Gerichte aus Forelle, Zander, Karpfen oder Wild an. Die Kartoffel spielt als Beilage kaum eine Rolle. Konkurrenz machen ihr russische *Blini* (goldgelb gebackene Hefepfannkuchen), sibirische *Pelmeni* (Teigtaschen mit variantenreicher Füllung), der Graupenbrei *Kascha* oder Brot. Es wird zu fast allen Speisen als Beigabe gereicht und hat dem Land den Spitzenplatz im Pro-Kopf-Verbrauch der Welt eingebracht. War es zu Sowjetzeiten neben einigen Feinbackwaren vor allem schwarzes Brot aus Roggenmehl, das angeboten wurde, reicht die Palette inzwischen von hell über dunkel bis schwarz im Aussehen, von äußerst mild bis kernig gewürzt im Geschmack. Das Brot wird oft in kleine Dreiecke geschnitten. Zum Nachtisch wird häufig Tee mit *Warenje*, einer dünnflüssigen Konfitüre aus Fruchtstückchen, oder mit gezuckerter Kondensmilch gereicht. Kaffee kommt oft als Instantpulver-Variante auf den Tisch.

Die Palette der russischen Nationalgetränke ist so reichhaltig wie die Vegetation des Landes. Eines hat sich über alle Zeit- und Klimazonen hinweg durchgesetzt: der Tee. Damit jeder ihn in der gewünschten Stärke zubereiten kann, kommt ein Sud auf den Tisch und das heiße Wasser dazu aus dem Samowar. Veredelt wird mit Zucker, Zitrone oder *Warenje*. Frucht- oder Gemüsesäfte sind oft

trüb, dickflüssig und süß. Dagegen löscht *Kwas* hervorragend den Durst. Sehr beliebt ist *Mors*, ein säuerlicher Moosbeerensaft, der mittlerweile auch in Tetrapaks abgefüllt wird.

Wodka (wörtlich Wässerchen) sollte vor allem bei der *Sakuska* nicht

Moskauer Dolce Vita: junge Frauen im Café

fehlen. Im Restaurant bestellt man Wodka nach Gewicht, die kleinste Portion beträgt 50 g.

Zu festlichen Anlässen gehört unbedingt eine Flasche Sekt. Beliebt ist die Marke *Sowjetskoje Schampanskoje*, die ihren Namen bis heute behalten hat. Die Russen mögen ihn süß, aber auch halbtrocken, trocken oder besonders herb als *Brjut* kann man ihn bekommen.

BUNTES KUNSTHANDWERK

Matrjoschkas, hölzernes Geschirr, Lackminiaturen oder Leinen –
ein schönes Souvenir aus Russland finden Sie immer!

> Menschenschlangen vor leeren Verkaufsregalen gehören der Vergangenheit an. Mittlerweile gibt es in Russland wirklich alles zu kaufen – gegen entsprechend Bares natürlich. Doch über das verfügen oft nur die sogenannten „Neuen Russen", wie die neureiche Elite genannt wird. In den Großstädten hat sich unterdessen eine Mittelschicht etabliert, die bei Ikea oder Obi anzutreffen ist. Billiger als in Geschäften kauft man auf den vielen Märkten ein, die es in jeder Stadt gibt: Unterwäsche aus China, Raubkopien von CDs oder Zigaretten – kaum etwas, was es nicht gäbe. Ältere Frauen bieten am Straßenrand oft Salzgurken oder Dill feil, um sich ihre karge Rente aufzubessern.

BERNSTEIN

Wer ins Gebiet Kaliningrad fährt, sollte unbedingt Bernstein kaufen. Fliegende Händler in den Ferienorten an der Ostsee bieten günstigen und modernen Schmuck an, auch in Geschäften für Kunsthandwerk gibt es schöne Exemplare. Anderswo ist das „Gold der Ostsee" oft erheblich teurer, und die Auswahl ist nicht so groß.

HOLZ- UND LACKARBEITEN

Das Andenken aus Russland ist die *Matrjoschka.* Je mehr die bunt bemalten Schachtelpüppchen ineinander stecken, desto kostbarer sind sie. Heute gibt es sie auch in der Politikerversion: außen Gorbatschow, dann Jelzin und innen Medwedew.
Lackmalereien auf Schatullen, Kästchen und Döschen sind ebenfalls beliebt. Bunte Farben und goldene Ornamente werden auf einem schwarz lackierten Hintergrund aus Pappmaché aufgetragen. Die Lackminiaturen haben ihren Ursprung in Palech bei Iwanowo; hervorgegangen ist diese Handwerkskunst aus der Ikonenmalerei. Die echten Stücke sind ihren hohen Preis wert. Durchaus erschwinglich sind Schalen, Becher und Löffel aus bemaltem Holz in Gold, Rot und Schwarz, mit charakteris-

> EINKAUFEN

tischen Vogelbeeren und stilisierten Blättern als Motiv. Diese Technik hat ihren Ursprung in Chochloma, 70 km nördlich von Nischnij Nowgorod. Meist sind die Stücke günstiger als Palech-Lackminiaturen.

◼ PORZELLAN

Gut im Regal macht sich das sogenannte Gschel-Porzellan: Man erkennt die Figuren, Vasen oder Schalen an ihrer charakteristischen blauen Bemalung auf weißem Hintergrund.

◼ TEXTILIEN

Eine große Auswahl gibt es an typischen Textilien, wie z.B. die *Pawlowskij-Posad*-Tücher, benannt nach ihrem Herkunftsort. Es sind jene bunten, großen und kleinen Kopf- oder Umhängetücher, wie man sie aus russischen Filmen kennt. *Russkij Ljon,* russisches Leinen aus Iwanowo, war einst weltberühmt. Auch heute noch hat der Stoff einen guten Ruf. Eine Tischdecke aus diesem Tuch (bräunliche Grundfarbe,

handbestickt mit russischen Ornamenten) ist ein bleibendes Erinnerungsstück.

Garantiert superwarm halten im Winter Orenburger Tücher, kuschelige Schals aus dem grauen oder weißen Flaum der Orenburg-Ziege, einer Verwandten der Kaschmir-Ziege. Um die Hüfte gebunden, sollen sie dazu beitragen, Rheumaschmerzen zu lindern.

◼ WODKA

Zum Mitnehmen taugt auch ein Flasche Wodka. Der traditionelle russische Branntwein wird durch Destillation von Weizen und Mais, Korn und Kartoffeln oder nur von Kartoffeln gewonnen. Der Schnaps ist farb- und fast geruchlos. Neben dieser klassischen Form kann er auch mit Zitrone, Pfeffer oder Büffelgras aromatisiert sein. Handelsüblich wird er mit 40 Prozent angeboten. Vor allem auf dem Land wird Wodka selbst gebrannt *(Samagon).* Nicht selten liegt dann der Alkoholgehalt bei lebensgefährlichen 90 Prozent.

> IN DIE SCHATZKAMMER DER RUSSEN

Beim Besuch der Hauptstadt und der alten Städte erschließt sich die Seele Russlands

> **Russlands Herz schlägt in Moskau, dem politischen, wirtschaftlichen und kulturellen Mittelpunkt des Landes. Nordöstlich von Moskau, im Zentrum der mittelrussischen Ebene, liegen mehrere Städte, die einst in der Entwicklung des russischen Staates zum „Heiligen Russland" eine maßgebende Rolle gespielt haben.**

Wie an einer Kette aufgereiht, erstrahlen die Perlen der russischen Kunst und Kultur. Daher die Bezeichnung Goldener Ring, die in den 1870er-Jahren geprägt wurde – als Ausdruck wachsenden Nationalbewusstseins und der Besinnung auf das historische, kulturelle und religiöse Erbe. Diese mehr als zwanzig Städte sind Attraktionen vor allem für geschichts- und kulturinteressierte Touristen: Stadtmauern, Festungsgräben, Kirchen aus weißem Gestein, Meisterwerke der Holzbaukunst sind ebenso gut erhalten wie Fresken und Ikonen in Kathedralen

Bild: Neujungfrauenkloster Moskau

MOSKAU & DER GOLDENE RING

und Museen. Viele Stadtkerne stehen unter Denkmalschutz und sind ins Welterbe der Unesco aufgenommen. Besonders reizvoll ist ein Besuch im Spätsommer oder zur Winterzeit.

IWANOWO

[145 F2–3] **Die heutige Industriestadt (410 000 Ew.) ist die jüngste auf dem Goldenen Ring und noch nicht sehr auf Touristen eingestellt. Ausgrabungen haben er-** geben, dass bereits im 2. Jh. v. Chr. finnisch-ugrische Stämme hier gelebt haben. Iwanowo wird 1561 erstmals erwähnt, 1871 erhielt die Siedlung Stadtrechte. Eng verbunden ist die Entwicklung der Stadt mit der Textilproduktion, vor allem mit der Verarbeitung von Baumwolle. 1742 war hier die erste Weberei eröffnet worden. Stoffe aus der hiesigen Manufaktur genossen Weltruf und sind auch heute noch begehrt.

■ SEHENSWERTES ■

HEIMATMUSEUM

Diese kenntnisreich präsentierte Sammlung bedruckter Stoffe und Stickereien belegt die hohe Kunstfertigkeit der hiesigen Weber, Färber und

Filigranes Handwerk: Lackmaler in Palech

Sticker. *Di–So 11–17 Uhr | Ul. Baturina 6/40*

SCHEREMETJEW-HAUS

Graf Scheremetjew, nach dem der internationale Flughafen Moskaus benannt ist, war einst Eigentümer der Ortschaft. Im 19. Jh. errichtete er hier ein Anwesen im Stil des Spätklassizismus. *Di–Sa 10–18 Uhr | Ul. Krutizkaja 33*

■ ESSEN & TRINKEN ■

AMSTERDAM

Gemütliches Holzambiente, üppige Fleischgerichte mit leckeren Saucen. *Tgl. | Ul. Goroboja 2 | Tel. 4932/346341 | €€*

■ ÜBERNACHTEN ■

MALINKI

Moderner Erholungskomplex im Grünen, Hotel und Cottages, Disko, Restaurant, Pferdeverleih. *6 km außerhalb | Tel./Fax 4932/35 22 22 | www.malinki.ru | €€–€€€*

SOJUS ᯤ

Klassisch-elegantes Businesshotel, 2006 eröffnet, mit Frühstücksbüffet. Ab Frühjahr 2009 Verdoppelung auf 92 Zi. *Pr. Friedricha Engelsa 47/6 | Tel./Fax 4932/900005 | www.hotel soyuz.com | €€*

■ ZIEL IN DER UMGEBUNG ■

PALECH   [145 F3]

Insider Tipp

Ein Besuch in der Siedlung Palech, 63 km östlich von Iwanowo, macht Sie mit einem berühmten Zentrum der Lackmalerei auf Pappmaché bekannt. Einst arbeiteten in den farbigen Holzhäuschen Ikonenmaler, die diese Maltechnik entwickelt hatten. Das *Museum für Lackminiaturen (Di–So 10–18 Uhr | Ul. Baklanowa 50)* gibt einen guten Überblick über diese Kunstform. Ein *Hausmuseum* des Begründers der modernen Palecher Miniaturmalerei, Iwan Golikow (1887–1937), liegt in der *Ul. Lenina 2*. Die kleine Gaststätte *Palech* haben Künstler mit heimatlichen Motiven bemalt. Der viel besuchte Ort ist so winzig, dass man die gleichnamige Gaststätte nicht verfehlen kann.

JAROSLAWL

[145 E1–2] ⭐ **Wegen der imposanten Kaufmannskirchen und des schön restaurierten alten Stadtkerns ist Jaroslawl (613 000 Ew.) eine Empfehlung. Das Zentrum zwischen Kotorosl und Wolga steht unter Denkmalschutz.** Der Bürgermeister ist stolz darauf, dass Jaroslawl schon mehrfach den Wettbewerb um „Die sauberste Stadt Russlands" gewonnen hat. Derzeit dreht sich alles um die geplante 1000-Jahr-Feier, die 2010 ansteht.

Nach der Legende soll sich Fürst Jaroslaw Mudryj – der Weise – aus Kiew im Jahr 1010 mit einem Bären angelegt und ihn mit der Streitaxt getötet haben. So trägt die Ansiedlung, die als erste an der Wolga entstand, den Bären im Wappen. Bereits im 16. Jh. betrieben Engländer in Jaroslawl ein Warenhaus mit Stoffen, Zucker, Gewürzen und Waffen. Im 17. Jh. wuchs der Ort zum wichtigsten Zentrum neben Moskau und war ein Knotenpunkt bedeutender Handelswege. Zeitweilig war Jaroslawl sogar Hauptstadt Russlands. Die reiche Kaufmannsgilde stellte viel Geld zum Bau monumentaler Kirchen zur Verfügung, um den Glanz der Stadt zu mehren. Im 17. Jh. wurden über 30 Kirchen errichtet.

Im 18. Jh. verlor Jaroslawl an Bedeutung, weil Zar Peter I. St. Petersburg ausbaute. So konzentrierte sich die Stadt auf die Entwicklung des Binnenhandels und schuf eine starke Manufaktur: Webereien, Gerbereien und Waffenproduktion. Ende des 19. Jhs. war die Bevölkerung auf 100 000 angewachsen. Die Stadt zählte zu den am weitesten entwickelten Europas. Ausdruck des Wohlstands waren 1750 die Gründung des ersten russischen Berufstheaters und 1786 die Herausgabe der ersten russischen Provinzzeitung. Kirchen, Klöster, Glockentürme verleihen dem „Florenz Russlands" eine beeindruckende Silhouette, vor allem bei Sonnenauf- und -untergang.

■ SEHENSWERTES ■

BEFESTIGUNGSANLAGEN
Einige Reste der alten Stadtmauer sind im Zentrum noch erhalten, au-

MARCO POLO HIGHLIGHTS

⭐ **Jaroslawl**
Der Glanz der alten Handelsstadt ist aufpoliert (Seite 33)

⭐ **Susdal**
Der Ort ist ein einziges Museum mit vielen schönen Holzhäuschen (Seite 46)

⭐ **Dreifaltigkeitskloster des hl. Sergijus**
Zentrum der russisch-orthodoxen Kirche in Sergijew Posad (Seite 44)

⭐ **Die Glocke von Uglitsch**
Nach 300 Jahren kam das Wahrzeichen der Dimitrij-Blut-Kirche aus der Verbannung zurück (Seite 49)

⭐ **Moskau**
Das Herz des Landes gibt den Takt vor (Seite 38)

⭐ **Mariä-Himmelfahrts-Kathedrale**
In Wladimir wurden Großfürsten gekrönt (Seite 51)

ßerdem zwei Türme: der *Arsenal-turm* an der Uferstraße der Wolga und der *Snamenskaja-Turm*. Zu Zeiten von Zar Peter I., dem Großen (Ende 17./Anfang 18. Jh.), wurde hier eine Sondersteuer von Reisenden erhoben, die einen Bart trugen.

vor der Kathedrale, dem Refektorium mit den Gebäuden des Abts, der Kreuzkirche und den Mönchszellen. Im Innenhof des Klosters wird auf einem Basar **russische Handwerks-**  **kunst** angeboten: Emaillebroschen, Ohrringe, bestickte Hemden, hand-

Kuppeln der Christi-Verklärungs-Kathedrale in Jaroslawl

CHRISTI-VERKLÄRUNGS-KLOSTER
Das Erlöser-Kloster wurde im 12. Jh. am Ufer des Flusses Kotorosl, eines Seitenarms der Wolga, errichtet und galt im 15. Jh. als eines der reichsten Klöster und als eine der bestge-schützten Anlagen Russlands. 3 m dicke und bis zu 10 m hohe Mauern mit Wachtürmen und Schießscharten umgeben den Komplex. Durch die Haupteinfahrt des Heiligen Tores (vom Bogojawljenskaja-Platz) gelangt man in den Paradehof und steht

bemalte Tücher, Ringe aus Nefrit, Tischdecken aus festem Leinen.
Im Zentrum erhebt sich die älteste Kirche der Anlage, die *Christi-Ver-klärungs-Kathedrale*, 1506–16 an eben der Stelle errichtet, an der einst eine Holzkirche aus dem 12. Jh. stand, die von marodierenden Mongolen niedergebrannt worden war. Die Kathedrale ist reich an gut erhaltenen Fresken aus dem 16. Jh. Im nördlichen Anbau, dem Nebenaltar, sind Handschriften und Bücher ge-

> *www.marcopolo.de/russland*

sammelt. Hier fand man Ende des 18. Jhs. eine Abschrift des *Liedes von der Heerfahrt Igors*. Dem russischen Nationalepos aus dem 12. Jh. ist eine Reihe von Exponaten gewidmet. ❋ Vom *Glockenturm* aus dem 16. Jh. können Sie das Panorama der Stadt genießen. *Tgl. 10–17.30 Uhr | Bogojawljenskaja Pl. 25 | www.yarmp.yar.ru*

EPIPHANIAS-KIRCHE
Eines der letzten großen Bauwerke des mittelalterlichen Jaroslawl. Fünf Kuppeln krönen das Gebäude, das mit glasierten Keramikkacheln reich verziert ist. *Bogojawljenskaja Pl.*

JOHANNES-CHRYSOSTOMOS-KIRCHE
Kleinod russischer Architektur nahe der Kirche der Gottesmutter von Wladimir. Zu dem beeindruckenden Komplex gehören das Heilige Tor, ein Glockenturm und kleinere Sakralbauten. *Nach etwa 1,5 km auf dem Moskowskij Prospekt südlich über den Kotorosl-Fluss, Ansiedlung Korowniki*

JOHANNES-DER-TÄUFER-KIRCHE
Größtes und formenreichstes Gotteshaus von Jaroslawl. Die 15 Kuppeln sind in der russischen Architektur ohne Beispiel. Im Inneren beeindruckende Wandmalereien. *Im Sommer Mo–Fr 10–18 Uhr | in der früheren Gerbersiedlung Toltschkowo an der Kotorosl-Uferpromenade 69*

KUNSTMUSEUM
Im Haus des ehemaligen Gouverneurs wird eine große Ausstellung russischer Kunst und Malerei gezeigt: Grafik, Bildhauerei und Möbel. Das Museum spiegelt die Entwicklung der russischen Kunst vom 13. Jh. bis in die Gegenwart. Schwerpunkt ist weltliche Kunst des 18.–20. Jhs. *Tgl. 10–17.30 Uhr | Wolschskaja Nab. 23 | www.artmuseum.yar.ru*

MUSEUM FÜR ALTRUSSISCHE KUNST
Sammlung von Ikonen des 13. bis 17. Jhs. im Metropolitenpalast im ältesten Teil der Stadt, *Rublonyj Gorod* (Geldstadt). *Tgl. 10–17 Uhr | Wolschskaja Nab. 1*

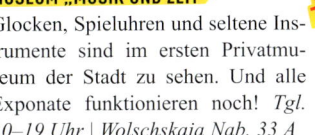

MUSEUM „MUSIK UND ZEIT"
Insider Tipp

Glocken, Spieluhren und seltene Instrumente sind im ersten Privatmuseum der Stadt zu sehen. Und alle Exponate funktionieren noch! *Tgl. 10–19 Uhr | Wolschskaja Nab. 33 A*

PROPHET-ELIAS-KIRCHE
Die schönste Kirche am Ort, eine Kreuzkuppelkirche mit vier Pfeilern und fünf Kuppeln, ließ die reiche Kaufmannsfamilie Skripin 1647–50 errichten. Im Innern bemerkenswerte Fresken, die das Leben des Propheten wiedergeben. Während der Betzeiten – und die sind eigentlich immer – herrscht dichtes Gedränge. *Tgl. 10–17 Uhr | Sowjetskaja Pl. 22*

▮ ESSEN & TRINKEN ▮▰▰▰▰
AKTJOR
Im „Schauspieler" kommen auch noch zu vorgerückter Stunde russische Gerichte auf den Tisch. *Tgl. | Ul. Kirowa 5A | Tel. 4852/72 75 43 | €€*

VAN GOGH ▶▶
Loungeatmosphäre mit cooler Clubmusik, Kohlsuppe und Van Gogh-Wodka. *Tgl. | Ul. Kirowa 10/25 | €€*

■ ÜBERNACHTEN ■

JUTA

Klein, gemütlich, zentral, mit geräumigen Zimmern. Für Nachtschwärmer: Bar, Casino und Show-Restaurant. *20 Zi. | Ul. Respublikanskaja 79 | Tel. 4852/21 87 93 | Fax 21 39 65 | www.utah.yaroslavl.ru | €–€€*

RING PREMIER HOTEL

Modernes Luxushotel im Zentrum, das 2004 fertiggestellt wurde; mit Wellnesscenter. *122 Zi., davon 2 behindertengerecht | Ul. Swobody 55 | Tel. 4852/733789 | www.ringpre mier-hotel.ru | €€€*

■ ZIEL IN DER UMGEBUNG ■

Insider Tipp

KARABICHA-LANDSITZ   [145 D–E2]

Ein Ausflug durch eine typisch russische Landschaft, vorbei an schlanken Birken, führt zum Haus des Dichters Nikolai Nekrassow (1821–78). Als Herausgeber der Zeitschrift „Sowremenik" (Zeitgenosse) gewann er bedeutende russische Schriftsteller seiner Zeit als Mitarbeiter. Hier schrieb Nekrassow das Versepos „Wer lebt glücklich in Russland?". Im Sommer finden hier auch Dichterlesungen statt. *Di–So 10–16 Uhr | Tel. 4852/ 434183; 15 km entfernt (in Richtung Moskau)*

KOSTROMA

[145 E–F1] Der 1213 erstmals erwähnte Ort (ca. 280000 Ew.) liegt terrassenartig an der hier 500 m breiten Wolga. Kostroma ist heute eine Industriestadt mit Maschinenbau, Flachsspinnerei und Textilproduktion. Von touristischem Interesse ist der gut erhaltene provinzialklassizistische Stadtkern, von dem sternförmig die Straßen in die Außenbezirke führen. Keine russische Stadt bietet ein solch geschlossenes Ensemble von Gebäuden des 18. und 19. Jhs. Der Stil ist gut zu sehen bei beim Feuerwehrturm, beim Gerichtsgebäude, der Gouvernementsverwaltung, dem Sitz des Erzbischofs, dem Haus der Kirchendiener sowie bei Kirchen und Handelshäusern.

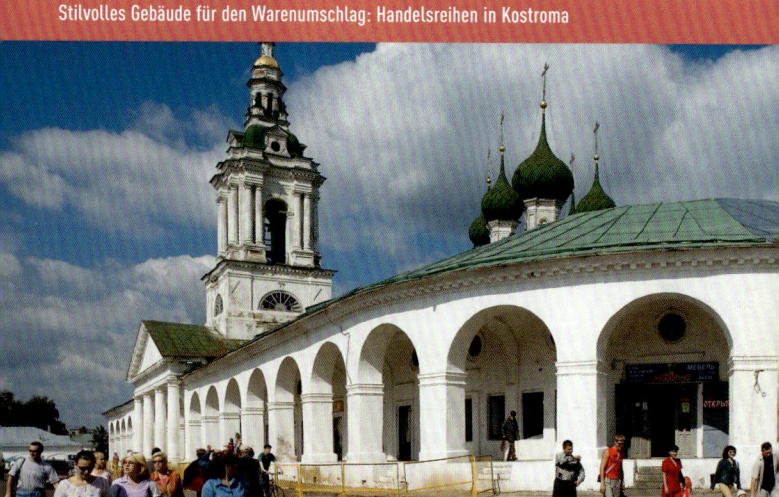

Stilvolles Gebäude für den Warenumschlag: Handelsreihen in Kostroma

AU & DER GOLDENE RING

▪ SEHENSWERTES ▪

CHRISTI-AUFERSTEHUNGSKIRCHE IM WALDE

Zum Zeitpunkt des Baus (1651) noch von Birken umgeben, liegt die Kirche heute mitten in der Stadt. Prächtig sind die fünf Zwiebeltürme über dem Haupthaus, verhalten die Türmchen auf Vor- und Nebengebäuden. Der Ziegelbau ist reich mit Ornamenten geschmückt. *Ul. Kooperazii, am Wolgaufer*

HANDELSREIHEN

Die offenen und geschlossenen Gebäude um die Erlöserkirche und den Glockenturm sind steinerne Zeugen jahrhundertealter Kaufmannstätigkeit. Die zehn Kaufhäuser zählen zu den größten und besterhaltenen ganz Russlands. Noch heute tragen sie ihre den hier einst umgeschlagenen Waren entsprechende Namen: Große Mehlreihe, Pfefferkuchen-, Fisch-, Tabak- und Gemüsereihe. Täglich findet hier ein Markt statt. *Pl. Susaninskaja*

IPATIOS-KLOSTER

Das bedeutendste Bauensemble der Stadt ist das zu Ehren des Märtyrers Ipatios errichtete Kloster, dessen Bau im 13. Jh. begonnen wurde. Die Anlage ist reich an Legenden. So soll der Tatarenfürst Tschet auf dem Weg nach Moskau erkrankt sein. Im Traum erschienen ihm die Jungfrau Maria und der hl. Ipatios (auch Ipatjew), die ihm Heilung versprachen, sollte er zum Christentum übertreten. So tat er es, wurde gerettet und stiftete aus Dankbarkeit ein Kloster. Historisch verbürgt ist, dass sich der junge Michail Romanow, ehe er Zar wurde, hier mit seiner Mutter, der Nonne Marfa, vor den eindringenden Polen versteckte. Als er 1613 dem Ruf nach Moskau folgte, wurde das Kloster dem Schutz der Romanows unterstellt, ausgebaut und gefördert. Das Klosterensemble gliedert sich in die Altstadt und die kaum bebaute Neustadt. Die *Dreifaltigkeitskathedrale* (1650–52) mit fünf goldenen Kuppeln ist das prachtvollste Bauwerk. Der Innenraum ist in mehreren Reihen bis zur Decke mit restaurierten Fresken geschmückt, die aus dem Leben Christi, der Heiligen sowie der Geschichte der Rus berichten. Auch die Darstellung des Tatarenfürsten Tschet ist nicht vergessen. Neben dem wuchtigen Bau erhebt sich der Glockenturm, von dem um 12 Uhr weit ins Land klingende A- und Cis-Töne erschallen. Neben den Zellen der Mönche und dem Erzbischöflichen Palast kann auch das Romanow-Palais mit den Gemächern des ersten Vertreters aus der Dynastie der Romanows (bis 1917) besucht werden. *Di–So 10–18 Uhr, im Winter bis*

*17 Uhr | 2,5 km westlich des Stadt-
zentrums, am Zusammenfluss von
Kostroma und Wolga*

**Die Basilius-Kathedrale am Roten Platz
zählt zu den Wahrzeichen Moskaus**

MUSEUM FÜR HOLZBAUKUNST

Ein Freilichtmuseum der besonderen
Art: Eine umfangreiche Sammlung
von Sakral-, Wohn- und Wirtschafts-
gebäuden aus den umliegenden Dörfern wurde hier zusammengetragen –
eine prächtige Kulisse für Filmauf-
nahmen. *Mai–Okt. tgl. 9–17 Uhr |
Stadtrand, an die Mauern des Klosters angrenzend*

■ ESSEN & TRINKEN

GRAAL 🔊

Knuspriges Schaschlik in rustikalem
Ambiente, mit Livemusik. *Tgl. | Ju-*

*bilejnij Pr. 15 a | Tel. 4942/22 47 32 |
€€*

ROGA I KOPYTA

Die Einrichtung mit lebensgroßen
Puppen ist dem Musical „12 Stühle"
nachempfunden, kleine Gerichte.
*Tgl. | Ul. Sowjetskaja 2 | Tel. 4942/
31 52 40 | €*

■ ÜBERNACHTEN

AZIMUT 🔊

Das ehemalige Intourist-Hotel bietet
angenehme Zimmer und Bungalows
am Stadtrand, populär bei Reisegrup-
pen. *73 Zi. | Ul. Magistralnaja 40 |
Tel. 4942/39 05 05 | Fax 39 05 00 |
www.azimuthotels.ru | €€*

WOLGA 🔊

Außen tristes Grau, innen bunt, mit
schönem Wolgablick und einem Restaurant mit italienischen Designer-
möbeln. *209 Zi. | Ul. Junoscheskaja
1 | Tel. 4942/39 42 62 | www.gkvolga.
ru | €€*

MOSKAU

🗺 KARTE IN DER HINTEREN
UMSCHLAGKLAPPE

**[144 B–C5] ★ Moskau, Stadt auf sieben
Hügeln, ist heute eine pulsierende Metropole: Luxuslimousinen rauschen an glit-
zernden Bürotürmen vorbei, überdimen-
sionale Reklametafeln werben für teure
Lifestyle-Produkte.** Die Kulturszene ist
überwältigend: Sie reicht von Litera-
turcafés über Diskoschiffe bis zum
legendären Bolschoj-Theater. Doch
nirgendwo ist der Kontrast zwischen
arm und reich so drastisch wie in der
10-Mio.-Stadt, die 1147 von Jurij
Dolgorukij („Langhand") gegründet

wurde. Ausführliche Informationen finden Sie im MARCO POLO Band „Moskau".

▰ SEHENSWERTES ▰

ANDREJ-RUBLJOW-MUSEUM [U F3]

Das im 15. Jh. errichtete Spasso-Andronikow-Kloster beherbergt Kopien der Arbeiten des Mönchs Rubljow (1360–1430), des bedeutendsten Ikonenmalers seiner Zeit. *Tgl. 11–18 Uhr, Mi geschl. | Pl. Andrjonowskaja 10 | Metro: Pl. Iljitscha*

CHRISTI-ERLÖSER-KATHEDRALE [U C4]

Die größte orthodoxe Kirche des Landes wurde 1931 gesprengt. Zu Sowjetzeiten befand sich an der Stelle ein Schwimmbad. Seit 1997 finden in der originalgetreu wiedererrichteten Kopie über 10000 Gläubige Platz. *Tgl. 6.30–22 Uhr | Ul. Wolchonka 15 | Metro: Kropotkinskaja*

KREML [U C–D3–4]

Mit dem Bau der alten Festungsanlage begann die Stadtgeschichte Moskaus (Mitte des 12. Jhs.). Die Besichtigung der alten Zarenburg ist ein Muss für jeden Touristen (Eingang durch den Borowitzkij-Turm). Wichtigste Sehenswürdigkeiten: *Mariä-Himmelfahrts-Kathedrale (Uspenskij Sabor),* Krönungskirche der Zaren (1475–79), wertvolle Ikonen und Fresken; *Mariä-Verkündungs-Kathedrale (Blagoweschtschenskij Sabor),* zaristische Hofkirche mit Wandmalereien von 1508; in der *Erzengel-Michael-Kathedrale (Archangelskij Sabor)* sind 46 Grabstätten von Zaren untergebracht. Die *Rüstkammer* mit Zarenschatz und Krönungsinsignien gilt als eine der größten Schatzkammern der Welt. *Tgl. außer Do 10–17 Uhr | www.kreml.ru*

METRO

Die schönsten Stationen liegen auf der Ringlinie: Sie gleichen unterirdischen Palästen mit Marmor und Kronleuchtern *(Betrieb tgl. 5.30 bis 1 Uhr).*

ROTER PLATZ [U C–D3]

Der ehemalige Marktplatz ist das geschichtsträchtige Zentrum Moskaus. Am Nordende steht das *Historische Museum,* gegenüber erhebt sich die orientalisch anmutende *Basilius-Kathedrale,* die Iwan IV. zur Mitte des 16. Jhs. erbauen ließ. Vom *Kaufhaus Gum* aus blickt man auf das *Lenin-Mausoleum* aus rotem und schwarzem Granit. *Metro: Biblioteka imeni Lenina*

TRETJAKOW-GALERIE [U D5]

Mit 1,2 Mio. Besuchern pro Jahr ein Museum der Superlative: Hier befindet sich die größte Sammlung sowjetischer und russischer Kunstwerke. Ein Höhepunkt sind die Rubljow-Heiligenbilder. *Di–So 10–19.30 Uhr | Lawruschinskij Per. 10–12 | Metro: Tretjakowskaja*

▰ ESSEN & TRINKEN ▰

APSCHU ▶▶ ☍ [U E5]

Angesagter Szenetreff mit kleinen Gerichten, viele Kreative und Künstler. *Tgl. 24 Std. | Klimentowskij Per. 10/1 | Tel. 495/953 99 44 | http://apshu.ru | Metro: Tretjakowskaja | €€*

MARGARITA [U B2] Insider Tipp

Gemütliches Café mit guter russischer Küche, sehr beliebt bei Auslän-

dern, abends gibt es häufig Livemusik. An den Patriarchenteichen gelegen, wo Michael Bulgakows Roman „Der Meister und Margarita" beginnt. *Tgl. | Ul. Malaja Bronnaja 28 | Tel. 495/299 65 34 | Metro: Majakowskaja | €€€*

■ EINKAUFEN

ARBAT   [U B–C3–4]
Die bekannteste Fußgängerzone der Stadt liegt in einem ehemaligen Adelsviertel. Heute treffen sich hier Musiker, Straßenkünstler und Touristen. *Metro: Arbatskaja*

JELISSEJEWSKIJ   [U C2]
Im traditionsreichen Jugendstil-Delikatessengeschäft gibt es nicht nur Kaviar und Krimsekt. *Twerskaja Ul. 14 | Metro: Twerskaja*

KAUFHAUS GUM   [U D3]
Legendäres Kaufhaus am Roten Platz mit beeindruckender Architektur und Nobelboutiquen. *Krasnaja Pl. 3 | Metro: Ochotnyj Rjad*

■ ÜBERNACHTEN

BALTSCHUG KEMPINSKI 🔊 🔆   [U E4]
Spitzenhotel mit vorzüglichen Restaurants. Zum Teil wunderschöner Blick auf den Moskwa-Fluss und den Roten Platz. *232 Zi. | Ul. Baltschug 1 | Tel. 495/287 20 00 | Fax 287 20 02 | www.kempinski-moscow.com | Metro: Tretjakowskaja | €€€*

ISMAILOWO 🔊   [0]
Gigantischer Hotelkomplex mit fünf Blöcken nördlich der Innenstadt, der zu den Olympischen Spielen 1980 errichtet wurde. Bei Onlinebuchung

> BLOGS & PODCASTS
Gute Files und Tagebücher im Internet

> **www.inrussland.net** – Reiseberichte und Reportagen vom Polarmeer bis zum Fernen Osten; praktische Tipps.

> **www.nachrussland.de** – Private Website mit Reiseerlebnissen und Tipps für bekannte und unbekannte russische Regionen.

> **www.krusenstern.ch** – Der preisgekrönte Blog des Schweizer Ex-Journalisten Jürg Vollmer vermittelt mit gehaltvollen Beiträgen zwischen Ost und West; mit Wetterbericht, Veranstaltungstipps und kostenlosem Abo.

> **http://blog.phoenix.de/russland/** – Die Redakteure der deutschsprachigen Internetzeitung *russland.ru* plau-

dern in diesem Blog aus dem Nähkästchen, sei es über den privaten Umzug oder die Hochzeit in Russland, aber auch politische Themen stehen auf der Agenda.

> **http://www.russlandjournal.de/podcasts/** – Wer vor Ort nach dem Supermarkt oder der Uhrzeit fragen möchte, kann sich mit dem Podcast-Russischkurs Ausdrücke aneignen.

> **http://www.ruvr.ru/index.php?lng=ger** – Der staatliche Auslandssender *Golos Rossii* (Stimme Russlands) bietet Aktuelles, Reportagen aus der Provinz und Hörerpost auch in deutscher Sprache zum Downloaden.

Für den Inhalt der Blogs & Podcasts übernimmt die MARCO POLO Redaktion keine Verantwortung.

gibt's 5 Prozent Rabatt. *2500 Zi. | Ismailowskoje Sch. 71 | Tel. 495/ 7377000 | www.izmailovo.ru | Metro: Ismailowskij Park | €–€€*

PERESLAWL-SALESSKIJ

[145 D3] **Der Ort (45000 Ew.) ist in dichte Kiefernwälder eingebettet. Es lohnt sich, auf den Anhöhen vor der Stadt anzuhalten.**

Pereslawl-Salesskij liegt einem hier zu Füßen: mit seinen Kirchen und in der Sonne glänzenden Pleschtschejewo-See, der sich romantisch an die Stadt schmiegt. Die weiß getünchten Klöstergebäude mit den grünen und grauen Hauben, das satte Grün der Kiefernwälder und das tiefblaue Wasser des Sees bieten ein Bild der Ruhe. Man fühlt sich in Russlands Vergangenheit zurückversetzt.

1152 von Fürst Jurij Dolgorukij, dem Begründer Moskaus, als Festung errichtet, erhielt Pereslawl den Beinamen Salesskij, „hinter den Wäldern". Im 13. Jh. herrschte hier Fürst Alexander Newskij, der mit seinem Sieg über die Schweden an der Newa und dem Sieg über den Deutschen Ritterorden auf dem Peipus-See in die Geschichte einging. Ihm wurde vor der Christi-Verklärungs-Kirche ein Denkmal gesetzt.

■ SEHENSWERTES

BEFESTIGUNGSANLAGEN
Eine Besonderheit der Stadt sind die aufgeschütteten Erdwälle. Diese einzigartigen Befestigungsanlagen aus Erdmassen wurden im 12. Jh. angelegt, sind fast 2,5 km lang und an manchen Stellen 10 m hoch. Die

Krone ist bis zu 6 m breit. Vier Durchfahrten führen in die Kremlanlage. Einst standen hier auch das Fürstenpalais, Bürgerhäuser und weitere Kirchen.

Ländliches Idyll: Pereslawl-Salesskij

CHRISTI-VERKLÄRUNGS-KATHEDRALE
Die einfache Kirche ist das älteste der gut erhaltenen Gotteshäuser in Russland (1152–57). Der Innenraum besitzt eine ausgezeichnete Akustik. Hier trat der große Sänger Fjodor Schaljapin (1878–1938) auf, der in der Umgebung ein Gut besaß. Er gründete einen Bauernchor und hielt die Tradition russischer Kirchenmusik lebendig. *Im Festungsbezirk*

DANILOW-KLOSTER
Das 1508 vom Mönch Daniil gegründete Kloster galt einst als reich. In

der Dreifaltigkeitskirche sind wertvolle Fresken des 17. Jhs. erhalten. Im Innern Motive aus dem Alten und Neuen Testament. *Südlich der Stadt auf Höhe der Ul. Podgornaja links*

HISTORISCHES MUSEUM
Das Haus zählt zu den renommierten Heimatmuseen des Landes. Über 30 000 Exponate altrussischer Malerei, Handwerks- und Volkskunst sowie Urkunden und Bücher wurden hier aus Klöstern, Landgütern und Bürgerhäusern zusammengetragen. *Tgl. 10–18, im Winter bis 17 Uhr, Di geschl. | Musejnyj Per. 4 (auf dem Gelände des Gorizkij-Klosters)*

METROPOLIT-PETER-KIRCHE
Die Kirche wurde, als der Metroplit Peter seinen Sitz von Kiew nach Moskau verlegte, zunächst aus Holz errichtet und 1585 aus Stein nachgebaut. Später diente sie als Staatsgefängnis und zeitweilig als Sicherungsort für die Staatskasse. *Im Festungsbezirk des Kreml*

NIKIZKIJ-KLOSTER
Rund um den Komplex zieht sich eine Wehranlage mit sechs Türmen. Das Kloster widerstand im Laufe der Zeit mehreren Belagerungen und schützte die reiche Mönchsgemeinschaft. *Der Ul. Rostowskaja nach Norden folgen*

■ ESSEN & TRINKEN

Insider Tipp
LESNAJA SKASKA
Das Restaurant im Bauernstil ist auch bei Einheimischen beliebt. Es hält Schlafmöglichkeiten in Holzhütten bereit. *7 km vor der Stadt | Tel./Fax 48535/308 63 | €–€€*

■ ÜBERNACHTEN

PERESLAWL 🔊
Angenehmes, komplett saniertes Hotel mit Restaurant, Disko und Fitnessbar. *140 Zi. | Ul. Rostowskaja 27 | Tel. 48535/215 59 | Fax 340 62 | www.hotel.pereslavl.ru | €*

SAPADNAJA 🔊
Wie der Name („Die Westliche") sagt, dem Westen angepasst – in Stil und Preis. Minibar, Safe, Internetanschluss, Restaurant, Bar. *11 Zi. | Ul. Pleschejewskaja 1 A | Tel. 48535/343 78 | Fax 349 95 | www.westhotel.ru | €€–€€€*

■ ZIEL IN DER UMGEBUNG

MARINEMUSEUM „BOTIK" ☼ [145 D3] *Insider Tipp*
Der Segler „Fortuna" aus Zar Peters „Spielflotte" ist hier neben allerlei seemännischen Utensilien zu besichtigen. Vor den Toren Moskaus hatte Peter der Große mit dem Pleschtschejewo-See ein geeignetes „Meer" entdeckt, das zum Geburtsort der russischen Kriegsflotte wurde. Von einem holländischen Baumeister ließ er über 100 mit Kanonen ausgestattete Miniaturschiffe bauen, mit denen er Parademanöver veranstaltete. Feuer vernichteten später alle Schiffe bis auf zwei. Das zweite erhaltene Schiff ist im Marinemuseum St. Petersburg zu sehen. *Tgl. 10–18 Uhr | am Südufer des Pleschtschejewo-Sees, 4 km außerhalb der Stadt*

ROSTOW WELIKIJ

[145 D2] Den nachhaltigsten Eindruck hinterlässt die Spiegelung der Türme und

AU & DER GOLDENE RING

Kuppeln des Kreml auf der blanken Oberfläche des Nero-Sees – vor allem bei Sonnenschein ein schönes Fotomotiv. Am Seeufer stehen stattliche, alte Häuser; die Straßen führen im Halbkreis um den Kreml. Nichts erinnert heute mehr an die Zeit im 12. Jh., als Rostow so mächtig war, dass es den Na-

SEHENSWERTES

ABRAHAM-KLOSTER

Bereits im 11. Jh. vom Mönch Abraham gestiftet, ist es eines der ältesten Klöster der Rus. Neben der mittelalterlichen Kathedrale entstanden bis ins 19. Jh. weitere Kirchen und Wirtschaftsgebäude. *Ul. Scheljabowskaja*

Weithin hörbar ist das Glockenspiel im Kreml von Rostow Welikij

menszusatz *welikij* (groß) erhielt. Heute lebt der 190 km von Moskau entfernte Ort (33 000 Ew.) von der ruhmvollen Vergangenheit und vom Tourismus.

Rostow gehört zu den ältesten Städten Russlands (862 erstmals erwähnt). Mächtige Bojaren (Bezeichnung für den einflussreichen russischen Landadel) ließen sich im Fürstentum nieder, Handel, Handwerk und Kunst entwickelten sich. Die Stadt erreichte ihre Blüte im 13. Jh., aber immer wieder gerieten Fürsten, Bischöfe und Bojaren aneinander, und Rostow verlor mehr und mehr an Einfluss.

ERLÖSER-JAKOB-KLOSTER

Die Kirche zum Empfängnis der hl. Anna, die Demetrius-Kirche und die Jakob-Kirche sind bedeutende Denkmale des russischen Klassizismus. *Tgl. 7–21 Uhr | Ul. Dobroljubowa*

KREML

Insider Tipp

Der imposanteste Gebäudekomplex der Stadt mit mächtigen Mauern, elf Türmen, fünf Kirchen, einem weißen Palais, Fürstenhäusern und Glockenturm. Errichtet wurde das Ensemble, in dem nie ein Zar oder Fürst residierte, 1660–1700 für den Bischof – als Bekenntnis zur kirchlichen Macht. ☀ Von den Türmen haben

Sie einen wundervollen Blick auf die Anlage und die Stadt. Bezaubernd die *Mariä-Himmelfahrts-Kirche* aus dem 16. Jh. Die fünf wuchtigen Kuppeln sind mit silbrig funkelndem Schuppenblech gedeckt. Die Mittelkuppel krönt ein 4,60 m hohes Kreuz. Im Glockenturm hängen 15 Glocken, die tgl. um 17 Uhr geläutet werden. *Tgl. 10–17 Uhr*

■ ESSEN & TRINKEN

SLAWJANSKIJ
Angenehme Atmosphäre, leckere Blini mit Klosterhonig. *Tgl. | Sowjetskaja Pl. 8 | Tel. 48536/622 28 | €–€€*

TRAPESNAJA PALATA
In historischem Gemäuer werden altrussische Speisen und Honigwein serviert. *Tgl. | im Kreml | Tel. 48536/ 628 71 | €€*

■ ÜBERNACHTEN

DOM NA POGREBACH
Herberge mit einfachen Schlafräumen für 3–5 Personen, mit Speiseraum und Café. *14 Zi. | auf dem Kremlgelände | Fax 48536/615 02 | €*

PLESCHANOW-LANDGUT 🔊
Bed & Breakfast, 2003 eröffnet, gute Küche, Cafébar. *11 Zi. | Tel./Fax 48536/764 40 | www.hotel.v-rostove. ru/eng.php | €–€€*

SERGIJEW POSAD

[144 C4] Ein Ausflug hierher beginnt im Normalfall im nahen Moskau. Touristen kommen in die Stadt (115 000 Ew.), um das Dreifaltigkeits-Kloster des hl. Sergi-

jus, das bekannteste aller Klöster Russlands, zu besichtigen. Besucher sehen auf engem Raum eine einzigartige Architektur, erfahren Geschichten und Legenden aus Russlands Vergangenheit und treffen eine Vielzahl von Gläubigen, die aus allen Gegenden des Landes anreisen.

Der Name der Stadt geht auf Sergej von Radoneschkij zurück, den Sohn eines reichen Bojaren, der das Kloster 1345 gründete. Nach dem russischen Sieg über die Tataren stieg das Kloster zum bedeutendsten Heiligtum Russlands auf. Zweimal suchte der spätere Zar Peter I. hier Schutz vor aufständischen Strelitzen („Schützen", einer mit Feuerwaffen ausgerüsteten Eliteeinheit). Nach seiner Krönung bedankte er sich mit Zugeständnissen. Im 17. Jh. war das Kloster neben dem Zaren der reichste Grundherr Russlands. Das Kloster ist heute Sitz der Theologischen Akademie und des Geistlichen Seminars, 150 Mönche leben auf dem heiligen Gelände.

■ SEHENSWERTES

DREIFALTIGKEITSKLOSTER DES HL. SERGIJUS ⭐
Die Klosteranlage ist von einer 1370 m langen und etwa 6 m starken Mauer umgeben und rundum durch Wehranlagen gesichert. Touristen betreten das Heiligtum zusammen mit vielen Pilgern durch das Heilige Tor. Die Fresken im Durchgang erzählen aus dem Leben des Heiligen Sergej. Im Innenhof wimmelt es von Menschen: Touristen fotografieren, Priester eilen in schwarzen Kutten vorbei, alte Frauen füllen vor der Brunnenkapelle das heilige Wasser in mitgebrachte Flaschen und Krüge.

Auf dem Klostergelände befinden sich 9 Kirchen und zahlreiche Profanbauten, u.a. ein Priesterseminar und eine theologische Akademie. Das älteste Gotteshaus ist die *Dreifaltigkeits-Kathedrale* von 1423. Hier finden täglich mehrere Messen statt, zu festlichen Anlässen predigt der Patriarch. Eng verbunden mit der Kathedrale ist der Name Andrej Rubljows, des bekanntesten Ikonenmalers. Er schuf zahlreiche Heiligenbilder, u.a. die berühmte Ikone „Dreifaltigkeit" (in der Moskauer Tretjakow-Galerie). In der Kathedrale ist eine Kopie zu sehen. In der Mitte der Anlage steht die *Mariä-Himmelfahrts-Kirche*, in der ebenfalls Gottesdienste stattfinden. Sie gilt als die Hauptkirche des Klosters mit fünf gold und blau leuchtenden Türmen. In einem Grab ruhen die Gebeine von Zar Boris Godunow. Der 80 m hohe *Glockenturm* ist von einer gewölbten Kuppel umschlossen. *Di–So 10–17.30 Uhr | www.musobl.divo.ru | an der Hauptstraße nach Sergijew Posad*

KUNSTHISTORISCHES MUSEUM

In dem Museum sind unermessliche Kunstschätze untergebracht, so die weltgrößte Sammlung von Meisterwerken altrussischer Kunst. Über Jahrhunderte fühlten sich Zaren und Bojaren verpflichtet, dem einflussreichen Kloster kostbare Geschenke zu machen. *Di–So 10–17 Uhr | auf dem Klostergelände*

ESSEN & TRINKEN ÜBERNACHTEN

RUSSKIJ DWORIK

Gemütliches Hotel in Klosternähe, dass in den letzten Jahren ausgebaut

Pilgerstätte: Kerzen im Dreifaltigkeits-Kloster von Sergijew Posad

Glöckner in Susdal

malschutz und seit 1992 auch auf der Welterbeliste der Unesco. Einst Residenz von Fürsten, wurde der Ort durch Überfälle der Mongolen und Polen mehrfach zerstört, aber immer wieder aufgebaut. Susdal wurde im Jahr 990 erstmals erwähnt und erhielt 100 Jahre später Stadtrechte. Ihre Blütezeit erlebte die Stadt im 12. Jh., als Fürst Jurij Dolgorukij den Ort zur Hauptstadt des Fürstentums Rostow-Susdal machte. Eine Chronik aus dem Jahr 1673 dokumentiert die damalige Größe der Stadt: 400 Anwesen, 8 Kathedralen im Kreml, 14 Kirchen in der Siedlung und 27 Kirchen in den Klöstern. Im 19. Jh. versank Susdal dann in der Bedeutungslosigkeit. So ist zu erklären, dass der Ort die Zerstörungen nach 1917 unbeschadet überstand. Ab 1967 wurden die sakralen und weltlichen Bauten restauriert. Beim Rundgang durch die „Märchenstadt", die sich auf eine Fläche von 8 km² beschränkt, bewundert man Spitzdächer und Türmchen, Kirchen und Festungsmauern sowie die kleinen, reich verzierten Holzhäuser. Jedes Gebäude erzählt ein Stück russischer Geschichte.

wurde. Rabatt für Hotelgäste im gleichnamigen Restaurant. *19 Zi.* | *Ul. Mitkina 14/2* | *Tel. 496/547 53 92 (-93)* | *www.russky-dvorik.ru* | €€

SUSDAL

[145 E4] ⭐ Der kleine Ort liegt 210 km von Moskau entfernt. Mit seinen 12 000 Ew. ist er ein einziges Museumsstädtchen und ein touristisches Juwel. Hier konzentrieren sich auf kleiner Fläche über 100 Bauwerke von historischer Bedeutung. Auch die Architektur der kleinen Leute ist erhalten: Viele pittoreske Holzhäuschen prägen das Bild der kleinen Stadt. Susdal, das gern als „Hauptstadt des Goldenen Rings" bezeichnet wird, steht unter Denk-

◼ SEHENSWERTES ◼

EUTHYMIOS-ERLÖSER-KLOSTER

Im Norden der Stadt liegt an einem Steilhang zur Kamenka das nach seinem ersten Abt benannte Kloster. Mit der rund um die Anlage laufenden Ziegelmauer, die von zwölf Türmen unterbrochen wird, wirkt der Ort wie eine Festung. Neben der *Christi-Verklärungs-Kathedrale* (1594), die gut erhaltene Fresken zeigt, steht das Grabmal für den Volkstribun Dimitri Poscharski. Zu beachten ist der schmale und lang gezogene Glockenturm neben der Kathedrale mit 20 Glocken. Das Spiel der Glocken sollten Sie sich nicht entgehen lassen: Sie läuten um 10.30, 12, 13.30, 15 und 16.30 Uhr. Im Blickfeld dann die *Nikolaus-Spitalkirche* und daneben die Gefängniszellen. Das Zuchthaus wurde 1776 von Katharina II. angelegt und war noch bis vor kurzem eine Haftanstalt für Jugendliche. ✹ Vom Kloster aus hat man eine herrliche Aussicht auf die langsam dahinfließende Kamenka. *Di–So 10 bis 18 Uhr | am Nordende der Ul. Lenina*

FREILICHTMUSEUM

Unweit des Kreml, auf der anderen Seite der Kamenka, ist eine Sammlung von Kirchen, Bauernhäusern, Speichern und Windmühlen aus Holz angelegt. *Mai–Okt. tgl. außer Di 9.30–16.30 Uhr | Demetriushügel*

KREML

Die Erdwälle aus dem 11. Jh. sind noch erkennbar. Die *Kathedrale der Jungfrauengeburt* ist das erste städtische Gotteshaus, das nicht nur von der Fürstenfamilie, sondern auch von der Bevölkerung besucht wurde. Die Portale sind Zeugnisse russischer Handwerkskunst des 13. Jhs. Die im 17. Jh. in den kegelförmigen *Glockenturm* eingebaute Uhr lässt jede Minute die Glocken erklingen. Der Turm ist durch eine Galerie mit dem *Erzbischöflichen Palais* verbunden. *Tgl. 10–18 Uhr | Ul. Kremljowskaja 20*

MARIÄ-SCHUTZ- UND FÜRBITTE-KLOSTER

Etwas abgelegenes Kloster mit grausamer Geschichte, war es doch Verbannungsort für unliebsame Frauen aus hohem Hause – z.B. Zarinnen und Fürstinnen –, die häufig hierher geschickt wurden, weil sie unfruchtbar waren. Auch Peter der Große ließ seine Gattin hier Fürbitte tun. Die Hauptkirche, 1510–14 gebaut, zeigt sich schlicht: Keine Malerei belebt die Wände – dem Los der adligen Nonnen angepasst. *Di–So 10–18 Uhr | Ul. Pokrowskaja*

MUSEUM FÜR ALTRUSSISCHE MALEREI

Sammlung von Seltenheitswert mit Ikonen aus dem 13.–17. Jh., vor allem aus der Wladimir-Susdaler

Schule. *Tgl. 10–18 Uhr, Di geschl. | auf dem Kremlgelände im Erzbischöflichen Palais*

■ ESSEN & TRINKEN ■

Insider Tipp

TRAPESNAJA
Gute russische Küche: Kohlsuppe, Salate, Blini mit Kaviar, Lachs, auch Vegetarisches. *Im Refektorium des Mariä-Schutz-und-Fürbitte-Klosters | Tel. 49231/209 08 | €€*

TRAPESNAJA W KREMLJE
Altrussische Küche wird im Speisesaal des Kreml aufgetischt. *Tgl. | Ul. Kremljowskaja 20 | Tel. 49231/ 21 763 | €€*

■ ÜBERNACHTEN ■

KREMLJOWSKIJ
Familiäres Haus mit vorzüglichem Restaurant, in dem traditionelle Gerichte auf den Tisch kommen, in Kreml-Nähe. *16 Zi. | Ul. Tolstogo 5 | Tel. 49231/23480 | http://kremlinho tel.ru | €€*

Insider Tipp

POKROWSKAJA
Die Gäste des Hotels können mit Gottes Beistand rechnen, sie schlafen in Holzhäuschen auf dem Gelände des Mariä-Schutz-und-Fürbitte-Klosters. *30 Zi. | Ul. Pokrowskaja | Tel. 49231/208 89 | €€*

■ ZIEL IN DER UMGEBUNG ■

BORIS- UND GLEBKIRCHE VON KIDEKSCHA   [145 E4]
Ein beeindruckender Anblick: Inmitten einer blühenden Wiese am steilen Ufer des Nerl steht eine der ältesten Kirchen des russischen Nordens. Der Regisseur Andrej Tarkowski verewigte dieses Bild in seinem Film

über den Ikonenmaler Andrej Rubljow. Die einstige Festung (12. Jh.) galt als Vorposten von Susdal und steht heute auf der Welterbeliste der Unesco. *Tgl. 10–16 Uhr, Di geschl. | 5 km entfernt, über die Ul. Wassiljewskaja*

UGLITSCH
[144 C2] **Alljährlich im Mai erinnert in dem kleinen Städtchen an der Wolga eine feierliche Prozession an eines der spektakulärsten Ereignisse der Geschichte Russlands.** Schwarz gekleidete Popen führen Tragekreuze mit sich, Kirchenfahnen wehen im Wind, Ministranten heben die Dimitrij-Ikone (ein Original aus dem 16. Jh.) gen Himmel, Gläubige und Schaulustige verharren vor der Stelle, an der der russische Thronfolger, der damals 9-jährige Dimitri, am 15. Mai 1591 beim Spiel tödlich verletzt wurde. Mord oder Unfall? Dieser Tod stürzte Russland in eine tiefe Krise. Bojar Boris Godunow in Moskau wurde verdächtigt, den Mord angeordnet zu haben. Die Glocken des Kreml läuteten Sturm. Die Moskowiter Statthalter wurden erschlagen. Godunow nahm bittere Rache und ließ 200 Uglitscher köpfen. Die Glocke von Uglitsch wurde symbolisch ausgepeitscht, ihr wurde die „Zunge herausgerissen", der Glockenmantel nach Tobolsk „verbannt". Mit dem Tod Dimitrijs, des Sohns Iwans des Schrecklichen, erlosch die Dynastie der Ruriken; es begann die „Zeit der Wirren". Die Stadt am Wolgaknie (40 000 Ew.) lebt heute nicht schlecht von dieser grausamen historischen Story, die viele Touristen in den Ort lockt.

■ SEHENSWERTES ■

CHRISTI-VERKLÄRUNGS-KATHEDRALE

Das Gotteshaus entstand 1485 als Teil des fürstlichen Palastensembles. Bemerkenswert der vergoldete Ikonostas im Innern. *Tgl. 9–17 Uhr | auf dem Kremlgelände*

■ ZIEL IN DER UMGEBUNG ■

MYSCHKIN   [144 C1]

Die rührige Verwaltung versucht seit geraumer Zeit, den Ort (7000 Ew.) für Touristen flottzumachen. Zug um Zug renovieren die Bewohner alte Bürgerhäuser und sammeln archäolo-

Wandgemälde und reiche Ornamentik in der Dimitrij-Blut-Kirche von Uglitsch

DIMITRIJ-BLUT-KIRCHE

1692 an der Stelle errichtet, an der der Thronfolger starb. Malereien im Inneren sowie der offizielle Rapport über das Unglück erinnern an den angeblichen Meuchelmord. Hier hängt auch die ★ *Glocke,* die nach 300 Jahren Exil an den Ort des Geschehens zurückkehrte. *Auf dem Kremlgelände*

Insider Tipp UHRENMUSEUM TSCHAIKA

Auf dem Gelände des Uglitscher Uhrenwerks zeigt eine Ausstellung alle Typen, die seit 1937 hier gebaut wurden. Verkaufspräsentation aktueller *Tschaika*-(Möwe-)Exemplare. *Krasnoarmeiskij Bul. 3*

gische Funde, religiöse Kultgegenstände und Hausrat aus Babuschkas Küche. Dieses Sammelsurium wird dekorativ ausgestellt. Internationale Aufmerksamkeit erregte Myschkin, indem es den eigenen Namen museal vermarktete: Man gründete das erste und einzige Mäusemuseum der Welt Insider Tipp (*Mysch* = Maus, *siehe Mit Kindern reisen*). Originell ist auch das *Walenkij-Museum,* in dem die typisch grauen Filzstiefel in allen Variationen ausgestellt werden *(Ul. Nikolskaja 18).* Gleich nebenan befindet sich das Touristen-Informationsbüro *(Ul. Nikolskaja 18a | Tel. 48544/ 22777 | www.myshkin.ru) 30 km von Uglitsch entfernt*

WLADIMIR

[145 E4] Wladimir (316 000 Ew.) ist eine Industriestadt mit reichem Kulturleben. Die Stadt wurde 1108 von dem Kiewer Großfürsten Wladimir Monomach gegründet, der ihr seinen Namen gab. Sein Enkel baute Kirchen und Klöster, siedelte Handwerker und Kaufleute an. Dessen Bruder schließlich ließ Festungsmauern um die Stadt errichten und machte sie nahezu uneinnehmbar. Info: *www.museum.vladimir.ru*

 SEHENSWERTES

DEMETRIUS-KATHEDRALE
Die Fassade des eindrucksvollen Kalksteinbaus (12. Jh.) zieren über 1000 Steinfiguren zu Themen des Alten Testaments, der griechischen Mythologie und slawischer Heldensagen. *Di–So 10–17 Uhr | auf dem ehemaligen Kremlgelände*

GOLDENES TOR
Der letzte erhaltene Eingang (von ursprünglich fünf) in den durch Erdwälle geschützten Detinez (später Kreml genannt), ist ein imposantes Zeugnis der altrussischen Militärbaukunst (1158–1164) und gehört heute zum Weltkulturerbe der Unesco. Über dem früher mit vergoldetem Kupfer gedeckten weißen Steintor wurde später die Torkirche errichtet. *Ul. Bolschaja Moskowskaja*

> BÜCHER & FILME
Russland zwischen Wunsch und Wirklichkeit

> **Kulturschock Russland** – Die Russland-Expertin Barbara Löwe gibt aufschlussreiche Einblicke in den russischen Alltag, wie sie Ausländer sonst nur selten bekommen.

> **Russland** – 21 Erzählungen zeitgenössischer russischer Autoren, die man kennen sollte (Hg. Galina Dursthoff).

> **Die Reise nach Petuschki** – Der in derber Sprache aus der Perspektive eines Alkoholikers verfasste sowjetische Kultroman von Wenedikt Jerofejew stand lange auf dem Index.

> **Klub Kalaschnikow** – Die Krimikönigin Polina Daschkowa schickt eine frischgebackene Witwe in die Welt der Moskauer Neureichen, um den Mörder ihres Mannes zu suchen. Spannende Unterhaltung!

> **Moskau glaubt den Tränen nicht** – Oscargekrönter Sowjetfilm (1981) von Wladimir Meschkow über Wunsch und Wirklichkeit dreier Frauen der 1960er Jahre-Generation: einfühlsam, nostalgisch, heiter.

> **Ironie des Schicksals** – Das russische „Dinner for One" gehört unbedingt zur Silvesternacht: In dem Film (1975) von Eldar Rjasanow verirrt sich ein Moskauer zu Silvester nach einem feucht-fröhlichen Banja-Besuch in eine fremde Wohnung in Leningrad und verliebt sich in die hübsche Bewohnerin. Kultfilm!

> **Wächter der Nacht/Wächter des Tages** – Die beiden Fantasy-Streifen (2005/06) von Timur Bekmanbetow gelten als die kommerziell erfolgreichsten russischen Filme aller Zeiten, eine Fortsetzung ist geplant. Ein Muss für Fans von „Matrix" oder „Herr der Ringe".

MARIÄ-HIMMELFAHRTS-KATHEDRALE ⭐

Der majestätische Bau im Zentrum der Stadt ist ihr Wahrzeichen; weithin sichtbar die gewaltigen Kreuze der fünf Zwiebeltürme. Bis ins 14. Jh. war sie die Hauptkirche Russlands. Hier wurden die Großfürsten von Wladimir und Moskau gekrönt. Im Inneren frei gelegte Fresken des 12./13. Jhs. Sehenswert die Arbeiten von Andrej Rubljow und Daniil Tschornij, „Das Jüngste Gericht". *Di–So 10–17 Uhr | Sobornaja Pl.*

MUSEUM „ALTES WLADIMIR"

Die Ausstellung über den städtischen Alltag vergangener Tage ist in einem alten Wasserturm untergebracht. ❇ Von der Aussichtsplattform toller Blick über die Stadt. *Di–So 11–17 Uhr | Koslow-Wall*

MUSEUM FÜR GESCHICHTE

Hier wird der Sarg von Alexander Newskij aus Nowgorod, Fürst von Wladimir, aufbewahrt. Die Gebeine kamen 400 Jahre nach seinem Tod (1724) nach St. Petersburg. *Mi–Mo 10–17 Uhr | Ul. Bolschaja Moskowskaja 64*

■ ESSEN & TRINKEN

STARYJ GOROD

In der „alten Stadt" kommen Piroggen und Salate auf den Tisch. *Tgl. | Ul. Bolschaja Moskowskaja 41 | Tel. 4922/32 29 54 | €€*

U SOLOTYCH WOROT

Gehobene russische Küche, z.B. Lachssteak, wird im „Goldenen Tor" serviert. *Tgl. | Ul. Bolschaja Moskowskaja 15 | €€*

Imposant: Goldenes Tor in Wladimir

■ ÜBERNACHTEN

SOLOTOJE KOLZO

Modernes Haus mit 5 Restaurants. *240 Zi. | Ul. Tschaikowskgo 27 | Tel. 4922/24 72 08 | www.amaks-hotels.ru | €€*

WLADIMIR

Bestes Hotel der Stadt, zentral. Restaurant, Bar, guter Service, bewachter Parkplatz. *80 Zi. | Ul. Bolschaja Moskowskaja 74 | Tel. 4922/32 44 47 | www.vladimir-hotel.ru | €–€€*

■ ZIEL IN DER UMGEBUNG

BOGOLJUBOWO [145 E4]

Von der einst prunkvollen Residenz des Fürsten Andrej Bogoljubskij sind noch der Treppenturm und Ruinen des Palasts übrig. Auf der Treppe wurde der Fürst 1175 von den Bojaren erschlagen. *10 km nördlich*

> IN DIE HEIMAT DER RUSSEN

Der Norden fasziniert mit üppigen Naturschönheiten und der majestätischen Metropole St. Petersburg

> Im Norden Russlands gingen die Uhren schon immer anders, und das nicht nur, weil hoch oben in Karelien die Polarnächte im Winter nicht enden. Im Norden, an der alten Handelsstraße von der Ostsee zum Schwarzen Meer, ließen sich einst schwedische Normannen, Waräger genannt, nieder und gründeten die späteren Hansestädte Welikij Nowgorod und Pskow. Über Jahrhunderte lag hier die Macht nicht in den Händen von Fürsten, sondern bei autonomen Versammlungen freier Bürger. Eine vergleichsweise junge Stadt ist St. Petersburg, das mit seinem barock-klassizistischen Baustil zu den schönsten Städten Europas gehört. Die zweitgrößte russische Stadt wurde erst Anfang des 18 Jhs. von Peter I. als „Fenster nach Europa" auf Morast gegründet und zählt zu den bedeutendsten Sehenswürdigkeiten des Landes.

Die Region hinterlässt heute durch ihre einzigartige Natur einen bleiben-

Bild: Flusslandschaft in Karelien

DER NORDEN

den Eindruck. Flora und Fauna sind üppig. 60 000 kleine und große Seen zählt man, auch die größten Europas liegen hier: der Ladoga- und der Onega-See. Das Land ist ein gutes Revier für Angler. Elche, Braunbären, Wildschweine, Rot- und Polarfüchse sowie Auerhähne durchstreifen die Wälder und Auen. Pilze, Heidel- und Preiselbeeren locken im Herbst Sammler von weither an. Schneereich sind die Winter – beein-

druckend, wenn das Nordlicht auf dem kristallharten Schnee in alle Richtungen strahlt.

ARCHANGELSK

[135 D4] Die Ansiedlung am Weißen Meer wurde Russlands erstes Fenster in die offene See nach Westeuropa, wenn auch mit langem Seeweg. In den fischreichen Gewässern und den dichten Wäldern fanden Fischer, Sammler und Fallensteller reiche

Beute. Mit der Gründung des Klosters zu Ehren des Erzengels (russ. Archangel) Michael (1584) hatte der Ort seinen Namenspatron, und mit dem Ausbau des Hafens wurde Archangelsk die Wiege der russischen Handelsschifffahrt. Im 16./17. Jh. lief der Handel – Eisen, Waffen, Tuche, Gewürze aus dem Westen gegen Pelze, Häute, Fisch und Kaviar – sehr erfolgreich für alle Seiten. Mit der Gründung von Petersburg (1703) büßte Archangelsk seine Vormachtstellung ein. Die Stadt blieb Industriehafen für den Holztransport. In den Weltkriegen erlangte der Hafen Bedeutung als Anlegeplatz der Alliierten. Außerdem begann von hier aus die Erschließung der Polarregion und des Nördlichen Seewegs. Archangelsk ist heute eine der nördlichsten Großstädte der Welt (355 000 Ew.).

■ SEHENSWERTES

Bei einem Spaziergang an der Uferstraße zwischen Ul. Swobody und Ul. Pomorskaja sind einige bemerkenswerte Zeugen der Vergangenheit erhalten: das *Gästetor* (1707), Teil der alten Nowo-Dwinskaer Festung mit Blick aufs Meer, die *Dreifaltigkeits-(Troizkij-)Kirche* (1745) und das alte *Zollamt*.

HEIMATMUSEUM
Sammlung zur Stadtgeschichte: archäologische Gegenstände, Karten, Dokumente und Bilder. *Di–So 10–18 Uhr | Pl. Lenina 2 | www.aokm.ru*

■ ESSEN & TRINKEN

POMORSKIJ
Prima Fischgerichte, Schiffsinterieur. Im gleichen Haus trifft man sich zum Kaffee im *Polina* oder auf ein gezapftes Bier im *Holsten*. *Tgl. | Pomorskaja 7 | Tel. 8182/26 81 58 | €–€€*

■ ÜBERNACHTEN

DWINA 🔊
Moderne Ausstattung, französische Küche. *237 Zi. | Troitzkij Pr. 52 | Tel. 8182/28 88 88 | Fax 27 43 11 | www. hoteldvina.ru | €–€€*

PUR NAWOLOK
Gepflegtes Hotel, beliebt bei Ausländern, Frühstücksbüfett. *234 Zi. | Tel. 8182/21 72 06 | Fax 21 72 02 | www. purnavolok.ru | €€*

■ ZIELE IN DER UMGEBUNG

MALYE KARELY   [135 D4] *Insider Tipp*
Im größten Freilichtmuseum Nordrusslands wurden 104 hölzerne Kirchen, Windmühlen und Bauernhäuser aus der Region zusammengetragen. In der Nähe befindet sich ein moderner Ferienkomplex. *Im Winter tgl. 10–15, im Sommer bis 17 Uhr | www.karely.ru; 24 km außerhalb (Bus 104, 111)*

SOLOWETZKIJ-INSELN ⭐   [134 C4]
Die größte der sechs Inseln im Weißen Meer wird mehr und mehr zur Touristenattraktion. Man trifft auf eine dicht bewaldete, schöne, teilweise unberührte Landschaft mit mildem Klima und stößt auf Spuren eines 500-jährigen Klosterlebens: Ruinen von Klostergebäuden, Kirchen und Bauernhöfen. Die Insel ist ca. 24 km lang und 16 km breit. Die 1200 Bewohner leben vom Fischfang und vom Tourismus. Das Kloster liegt wehrhaft wie eine Zarenburg zwischen dem Heiligen See und dem

Weite Landschaft im hohen Norden: See bei Murmansk

Weißen Meer. Seit 1991 gehört die Kremlanlage zum Welterbe der Unesco. Ein Museum dokumentiert die wechselvolle Geschichte. 1429 ließen sich Einsiedler hier nieder, im Laufe der Jahre errichteten sie ein Kloster, das zur Festung ausgebaut wurde. Teilweise lebten bis zu 500 Mönche hier. Solowetzkij war eines der reichsten Klöster Russlands. 1920 schlossen die Bolschewiki das Kloster, Stalin ließ eines seiner berüchtigten Straflager errichten. 1986 wurde es der Kirche zurückgegeben. *Am bequemsten ist die Anreise mit dem Flugzeug ab Archangelsk (1 Std.). Anbieter ist Aeroflot (www.ae roflot.com).*

MURMANSK

[134 C4] **Die größte Stadt (336 000 Ew.) jenseits des Polarkreises liegt auf halbem Weg zwischen Moskau und dem Nordpol. Als Romanow-na-Murmane entstand sie erst 1916 – als Nachschubhafen im Ersten Weltkrieg.** Die meisten Bewohner sind in der Fischverarbeitung, auf Werften und als Marinesoldaten auf dem wichtigsten Stützpunkt der russischen Nordmeerflotte tätig. Hier liegen die berühmt-berüchtigten atombetriebenen Eisbrecher und U-Boote der russischen Marine. Sechs Wochen im Winter (Dez.–Mitte Jan.) geht die Sonne nicht auf: Polarnacht. Acht Wochen im Sommer (Mitte

MARCO POLO HIGHLIGHTS

⭐ **Kreml mit Sophien-Kathedrale**
Kreml und Kathedrale zeugen vom einstigen Glanz der ehemaligen Hansestadt Welikij Nowgorod (Seite 63)

⭐ **Kischi**
Holzbauten auf der Insel bei Petrosawodsk – einfach, aber dauerhaft (Seite 58)

⭐ **Solowetzkij-Inseln**
Einst Einsiedelei, dann eines der reichsten Klöster Russlands, Gulag unter Stalin, heute Welterbe im Weißen Meer (Seite 54)

⭐ **St. Petersburg**
Wo der beeindruckende Prunk der Zarenzeit noch immer lebendig ist (Seite 60)

Mai–Mitte Juli) geht die Sonne nicht unter: Zeit für ein Sonnenbad um Mitternacht.

■ SEHENSWERTES

ALJOSCHA

Monumentale Soldatenstatue aus Stein, die sich 34 m über dem Semjonow-See erhebt und bereits von weitem sichtbar ist. Errichtet zu Ehren der gefallenen Sowjetsoldaten aus dem Zweiten Weltkrieg. *Bushaltestelle: Uliza Gagarina*

HEIMATMUSEUM

Interessante Exponate über die frühen Einwohner der Region, die Samen. *Sa–Mi 11–18 Uhr | Pr. Lenina 90*

■ ESSEN & TRINKEN

CAFÉ LETO

Farbenfrohe Möbel, leckere Fischgerichte. Tipp: Suppe mit rotem Kaviar. *Tgl. | Ul. Lenina 61 | Tel. 8152/45 96 06 | €€*

FISH HOUSE

Neues Fischrestaurant mit Pool-Billard, in dem die städtische Elite verkehrt. *Tgl. | Ul. Komsomolskaja 15 | Tel. 8152/47 62 03 | €€€*

■ ÜBERNACHTEN

MERIDIAN

Westlicher Standard nach Komplettsanierung, kaukasische und skandinavische Küche. *142 Zi. | Ul. Worowskogo 5/23 | Tel. 8152/28 88 00 | Fax 28 88 87 | www.meridian-hotel. ru | €€€*

POLARNIJE SORI

Gute Mittelklasse im Zentrum. Vom oben gelegenen Restaurant gute Sicht zum Kola-Fjord; guter Service, Schönheitssalon, Sauna. *232 Zi. | Ul. Knipowitscha 17 | Tel. 8152/28 95 00 | Fax 28 95 04 | www.russlandia.ru | €€*

■ AUSKUNFT

TOURISTEN-INFORMATION

Ul. Tscheljuskinzew 2A | Tel./Fax 8152/42 45 65 | www.murmantourism.ru

■ ZIELE IN DER UMGEBUNG

DOLINA UJUTA   [134 C3]

In dem beschaulichen Tal am Südende der Stadt findet alljährlich Ende März das *Festival des Nordens* statt, **Inside Tipp** eine Art Polarkarneval mit vielen Veranstaltungen wie Rentierrennen, Skimarathon und Eishockeyspielen.

> BUCHGALTER MIT GALSTUK
Deutsche Lehnwörter im Russischen

Die russische Sprache ist reich an Entlehnungen aus dem Deutschen – das Resultat historischer Kultur- und Handelsbeziehungen. So kann es schon mal passieren, dass der *buchgalter* mit dem *galstuk* (Krawatte) durch die *landschaft* reist, einen *schlagbaum* passiert und sich dann auf einem *stul* in der *parikmaherskaja* (Friseursalon) ausruht. Dabei könnte er nervös aufs *ziferblat* seiner Uhr schauen, denn im *teatr* ist meist *anschlag* (ausverkauft). Gerne würde er zuvor aber noch ein *buterbrod* essen …

Mit Bus Nr. 1 vom Hauptbahnhof Murmansk; Touren zum Festival organisiert z. B. Arctic Safari (Ul. Poljarnyje Sory 8 | Tel. 8152/488900 | Fax 271844 | www.arcticsafari.ru).

KOLA-HALBINSEL   [134–135 C–D 3]

Die Halbinsel Kola *(Kolskij Poluostrow)* zwischen Murmansk und Wei-

PETROSA-WODSK

[134 C5] Die Hauptstadt Kareliens liegt landschaftlich sehr schön am Westufer des Onega-Sees und eignet sich gut als Ausgangspunkt für Ausflüge zur Insel Kischi. Die 266000 Einwohner sind

ßem Meer war einst nur von den Rentierhirten der Samen und einigen wenigen russischen Fischern und Fallenstellern besiedelt. Noch heute ist die Region sehr bevölkerungsarm, mit wenigen Fischerdörfern an der Küste und noch rund 1500 Angehörigen der Samen-Bevölkerung. Erst die Entdeckung reicher Bodenschätze verlieh der Region Bedeutung.

überwiegend Russen. 1703 als Kanonengießerei und Rüstungsschmiede Zar Peters des Großen gegründet – daher stammt der Name: *Petr sawod* = Peters Werk –, erlangte die Stadt als Verbannungsstätte sowohl bei den Zaren wie auch danach unter Stalin traurige Berühmtheit. Der Ort tut sich bis heute schwer, dieses Image abzulegen.

PETROSAWODSK

Ein Berg von Kuppeln: Holzkirchen auf der
Insel Kischi im Onega-See

■ SEHENSWERTES ■

HEIMATMUSEUM
Exponate karelischer Volkskunst.
Di–So 10–17.30 Uhr | Pl. Lenina 1

KUNSTMUSEUM
Ikonen des 15.–17. Jhs. und Malerei
aus späterer Zeit befinden sich in einem der ältesten Gebäude der Stadt.
Di–So 10–18 Uhr | Pr. Marksa 8

■ ESSEN & TRINKEN ■

KARELJSKAJA GORNIZA
Beste Adresse für karelische Küche
vor Ort. *Tgl. | Ul. Engelsa 13 | Tel.
8142/78 53 00 | €€*

■ ÜBERNACHTEN ■

KARELIJA 🔊
Alle Zimmer in warmen Tönen, 2005
renoviert, gutes Restaurant. *138 Zi. |
Nab. Gjullinga 2 | Tel. 8142/73 33 33
| Fax 56 15 70 | www.karelia-hotel.ru
| €€ – €€€*

MASKI
Modernes Hotel in einem Park,
Sauna. *23 Zi. | Pr. Karla Marksa 3 A
| Tel. 8142/76 14 78 | Fax 77 46 19 |
http://maski.onego.ru/ | €*

■ AUSKUNFT ■

TOURISTEN-INFORMATION
*Ul. Kuibyschewa 5 | Tel. 8142/
78 61 91 | Fax 76 48 35 | www.ticrk.ru*

■ ZIEL IN DER UMGEBUNG ■

KISCHI ★   [134 C5]
In der eisfreien Zeit kann man mit
dem Tragflügelboot „Raketa" über
den Onega-See zu einer Tagestour
nach Kischi übersetzen. Auf der Insel
wurden Meisterwerke der russischen
Holzbaukunst des Nordens aus um-

liegenden Regionen neu aufgebaut. Das „8. Weltwunder" nennt man die 35 m hohe *Christi-Verklärungs-Kirche* mit 22 Kuppeln. Sie wurde ohne einen einzigen Nagel errichtet. In der Nähe erhebt sich die *Mariä-Schutz-Kirche* aus dem Jahr 1764. Um eine Mittelkuppel gruppieren sich acht kleine Kuppeln. Zu sehen ist auch der älteste Holzbau Russlands, die *Lazarus-Kirche* aus Murom. *Von der Fähranlegestelle in Petrosawodsk fahren Schiffe | Mai–Sept. mehrmals tgl. | http://kizhi.karelia.ru; 70 km entfernt*

PSKOW

[134 B6] Die Stadt (202 000 Ew.) galt stets als die „kleine Schwester" Nowgorods. Sie gehört zu den ältesten Städten Russlands. Spuren aus der Gründungszeit im 10. Jh. sind vor allem im Kreml zu sehen, dessen Kern noch aus den Anfängen der Stadt stammt. Nur wenig ist noch übrig von den alten Handelshäusern aus dem 16. und 17. Jh.; während des Zweiten Weltkriegs wurde die Stadt weitgehend zerstört. Moderne, eher nüchtern-zweckmäßige Bauten des Wiederaufbaus prägen heute das Stadtbild.

■ SEHENSWERTES ■

DREIFALTIGKEITS-KATHEDRALE
Der hohe Bau (1699) ist von weitem sichtbar. Die fünfkupplige Kathedrale zieren sparsame Ornamente. Im Innern Ikonen im Stil des Moskauer Barock. *Im Kreml gelegen*

KREML ☼
Die Wälle der Befestigungsanlage stammen aus dem 13. Jh. Von hier aus schöner Blick auf die übrigen Wehrtürme jenseits des Pskowa-Flusses. *Ul. Sowjetskaja*

■ ESSEN & TRINKEN ■

RUS
Traditionelle russische Küche, hin und wieder spielen Folkloregruppen. *Tgl. | Wlasjewskaja-Turm im Kreml | Tel. 8112/72 03 85 | €€*

STARYJ TALLINN
Baltische Küche: eingelegte Sprotten und Rumlikör *Vana Tallin*, der in keinem Kaffee fehlen darf. *Tgl. | Rischskij Pr. 25 | Tel. 8112/72 41 58 | €€*

■ ÜBERNACHTEN ■

OKTJABRSKAJA
Saniertes Hotel in zentraler Lage. *120 Zi. | Oktjabrskij Pr. 36 | Tel. 8112/16 42 46 | Fax 16 42 54 | €*

>LOW BUDGET

> Vom Ausflugsschiff aus sieht der Kreml von Welikij Nowgorod noch prächtiger aus, abgelegt wird neben der Fußgängerbrücke. An Bord gibt's günstig Schaschlik und Bier.

> In Petrosawodsk trifft sich im ▶▶ *Café Kiwatsch* in Uni-Nähe die Jugend rund um die Uhr; zwei Säle mit erschwinglicher mexikanischer und russischer Küche. *Tgl. | Pr. Lenina 28*

> In Archangelsk muss man nicht in die Kneipe gehen: Im Sommer trifft man sich zum Flirten und Plaudern an der Uferpromenade, die sich in einen quirligen Tummelplatz verwandelt. Am besten gleich noch ein Bier für die potenziellen neuen Bekanntschaften mitbringen!

RISCHSKAJA

Ruhiges Mittelklassehaus mit sowjetischem Flair, Restaurant. *265 Zi. | Rischskij Pr. 25 | Tel. 8112/46 22 23 | Fax 46 23 01 | http://pskov-hotel.narod.ru/ | €*

■ZIELE IN DER UMGEBUNG■

MICHAILOWSKOJE   [134 B6]

Familiengut Alexander Puschkins (1799–1837). Hier verbrachte der bekannteste russische Dichter zwei produktive Jahre (1824–26), in denen Teile des Versromans „Eugen Onegin" und des Nationaldramas „Boris Godunow" entstanden. Das *Puschkin-Museum* gibt Einblick in Leben und Schaffen des Dichters. Im benachbarten *Kloster Swjatogorsk* kann seine Grabstätte besucht werden. *Museum und Park Di–So 9–17 Uhr, April und Mitte–Ende Nov. geschl.; 130 km südl.*

PETSCHORY   [134 B6]

Gepflegtes Klosterensemble mit einem Dutzend Bauwerken, die von einer 800 m langen Mauer umsäumt sind. Das hl. Tor am Eingang führt hinab zur Höhlenkirche Mariä-Himmelfahrt von 1473, deren blaue Kuppeln mit goldenen Sternen verziert sind. In unterirdischen Gängen liegen die Leichname der Mönche bei konstanten 5 Grad Celsius bestattet. *70 km westlich von Pskow | Anreise mit dem Bus*

ST. PETERS-BURG

[134 B5] ⭐ Die „schönste Stadt auf dem Antlitz der Erde" nannte der amerikani-

sche Dichter und Nobelpreisträger Joseph Brodsky (1940–96) seine Geburtsstadt. Die Metropole (heute 4,7 Mio. Ew.) wurde auf 40 Inseln erbaut, die durch 350 Brücken verbunden sind. Daher wird „Piter", so der Kosename in der Bevölkerung, gerne als „Venedig des Nordens" bezeichnet. Zar Peter I. ließ die neue Hauptstadt ab 1703 in nur neunjähriger Bauzeit errichten. Bis heute beeindrucken prächtige Bauten wie der Winterpalast, die Börse oder die Admiralität. Mehr als 3000 Gebäude stehen unter Denkmalschutz – doch leider sind derzeit ca. 2000 Bauten vom Zerfall bedroht. Die Stadt wurde 1914 in Petrograd umbenannt, hieß nach Lenins Tod 1924 Leningrad und trägt seit 1991 nun wieder ihren alten Namen.

Auf der Höhe von Alaska gelegen, scheint die Sonne mittsommers nicht unterzugehen, und die berühmten „Weißen Nächte" von St. Petersburg ziehen viele Besucher an.

Ausführliche Informationen finden Sie im MARCO POLO Band „St. Petersburg".

■SEHENSWERTES■

EREMITAGE

Dieses Kunstmuseum gehört zu den berühmtesten der Erde. Die Gründerin Katharina I., die die Sammlung Peters des Großen fortsetzte, hatte sich die an den Winterpalast anschließende Kleine Eremitage errichten lassen. Den dritten Komplex bildet die Alte Eremitage. Allein die prächtige Innenausstattung der Säle kann tagelang fesseln, die überbordende Fülle an Kunstschätzen ist überwältigend. Die im Sommer zuweilen stundenlange Warterei an der

Kasse kann man sich sparen, wenn man die Tickets online bestellt und per Kreditkarte zahlt (auch auf Deutsch möglich). *Di–So 11–18 Uhr | Haupteingang an der Flussseite des Winterpalasts, Dworzowaja Nab. 34 | www.hermitagemuseum.org | Metro: Newskij Pr.*

RUSSISCHES MUSEUM

Nach der Tretjakow-Galerie in Moskau die zweitwichtigste Sammlung russischer Kunst – Ikonen besonders der Nowgoroder Schule, Malerei und Plastik –, die ihren Umfang nicht zuletzt der Übernahme zahlreicher Privatsammlungen nach der Oktoberre-

Ein prächtiger Palast für die Kunst: Eremitage in St. Petersburg

PETER-PAULS-FESTUNG

In der barocken Peter-Pauls-Kathedrale im Inneren der Festungsanlage sind viele russische Zaren beigesetzt. Seit 1998 befinden sich hier auch die Gebeine von Nikolaus II., des letzten, von den Bolschewiki ermordeten Romanow. *Kathedrale tgl. 10–19 Uhr, Außengelände 10–22 Uhr | Metro: Gorkowskaja*

volution verdankt. Das Museum wurde 1895 gegründet und drei Jahre später eröffnet. *Tgl. 10–17 Uhr; Di geschl. | Ul. Inschenernaja 4/2 | www. rusmuseum.ru | Metro: Newskij Pr.*

ESSEN & TRINKEN

AKTJOR

Solide russische Küche, üppige Portionen. *Tgl. | Wosnesenskij Pr. 4 | Tel.*

Feinster Jugendstil in St. Petersburg: Speisesaal im Grand Hotel Europe

812/315 06 75 | *Metro: Newskij Prospekt* | €–€€

PETIT FRANÇAIS
Schicker Edel-Franzose mit vorzüglicher Küche. *Tgl. | Ul. Galernaja 20 | Tel. 812/315 24 65 | Metro: Sennaja Ploschtschad* | €€€

TINKOFF
Die St. Petersburger Privatbrauerei mit dem leckeren Bier bietet Deftiges, aber auch Sushi – und hat längst schon Filialen in anderen Städten. *Tgl. | Ul. Kasanskaja 7 | Tel. 812/718 55 66 | Ul. Warschawskaja 23 | Tel. 812/313 05 17* | €€

■ ÜBERNACHTEN ■
BED & BREAKFAST
Moderne Pension unter deutscher Leitung. *4 Zi. | Ul. 5-aja Sowjetskaja 21 | Tel. 812/923 05 75 | www.rent room.ru* | €–€€

GRAND HOTEL EUROPE
Der Jugendstiltempel am Newskij-Prospekt, 1875 erbaut und 1992 auf Fünf-Sterne-Niveau gebracht, gilt als eines der schönsten Hotels der Welt. Feinschmecker-Treff: Ideal für romantische Abende ist die ▶▶ *Caviar Bar,* in der Liebhaber von Fischrogen und Wodka garantiert auf ihre Kosten kommen. *301 Zi. | Ul. Michailowskaja 1/7 | Tel. 812/329 60 00 | Fax 329 60 01 | www.grand-hotel-europe. com* | €€€

MINI-HOTELS ST. PETERSBURG
Die Familie Battistini aus der Schweiz leitet zwei sehr gemütliche Privatpensionen. *Je 4 Zi. | Gribojedow-Kanal 29 bzw. 40 | Tel. 812/913 96 57 | www.petersburg-hotel. com* | €–€€

■ AM ABEND ■
JFC JAZZCLUB ▶▶
Gute Jazzmusik in allen Variationen lockt viele russische Studenten und Ausländer in den gemütlichen kleinen Club. *Tgl. 19–23 Uhr | Konzertbeginn 19.45 Uhr | Ul. Schpalernaja 33 | Tel. 812/272 78 50 | Metro: Tschernyschewskaja*

METRO CLUB ▶▶

Ein Muss für Nachtschwärmer: In der größten Disko der Stadt lässt es sich auf drei Stockwerken prima zu House & Techno abtanzen. *Tgl. ab 22 Uhr | Ligowskij Pr. 174 | www.me troclub.ru | Metro: Ligowskij Prospekt*

WELIKIJ NOWGOROD

[134 B5] Bis zur Gründung von St. Petersburg Anfang des 18. Jhs. war Nowgorod, die „neue Stadt", Russlands wichtigstes Handelszentrum – 600 Jahre lang. Nach 1136 entstand um den „Großen Herrn Nowgorod" eine mächtige Bojarenrepublik. Der rasche wirtschaftliche Aufstieg war mit einer ausgedehnten Bautätigkeit verbunden, an der Kirche, Adel, Kaufleute und Bürger gleichermaßen beteiligt waren. Die Stadt konnte sich mehrfach gegen Eindringlinge zur Wehr setzen – gegen die Schweden, den Deutschen Orden, die Tataren. Im Zweiten Weltkrieg wurde sie von deutschen Truppen weitgehend zerstört.

Für Welikij Nowgorod (206 000 Ew.) sollte man sich unbedingt ein wenig Zeit nehmen: Auf beiden Seiten des Wolchow beeindrucken altrussische Klöster, Kirchen, Paläste und schöne Bürgerhäuser. Welikij Nowgorod besitzt zwei historisch besonders wertvolle Zentren: den *Kreml* (hier *Detinez*, „starker Bursche", genannt) und – auf der anderen Seite des Flusses – den *Jaroslawl-Hof,* ein mittelalterliches Geschäftszentrum, vergleichbar mit jenen von Rom oder London.

■ SEHENSWERTES ■

FACETTENPALAST

In dem gotischen Gebäude (1433) residierte einst der Erzbischof. Heute ist hier eine umfangreiche Sammlung von Meisterwerken russischer Kunst (11.–19. Jh.) zu sehen. *Di–So 10–18 Uhr | auf dem Kremlgelände*

HISTORISCHES MUSEUM

Ikonen der Nowgoroder Schule, die ihre erste Blüte im 12. Jh. hatte und sich von anderen Richtungen vor allem durch reichere Farbgestaltung unterscheidet. *Tgl. 10–18 Uhr, Di geschl. | in den Räumen des Kreml*

JAROSLAWL-HOF

Einst der Platz der Kaufleute und Handwerker. Die verbliebenen Arkaden deuten auf die Größe der Handelsreihen hin – etwa 1500 Läden gab es um 1450. Zum Dank für erfolgreiche Geschäfte hatten Kaufleute immer wieder Kirchen errichten lassen: die *Nikolaus-Kathedrale* (1113), die nach der Schutzheiligen der Händler benannte *Paraskowa-Pjatniza-Kirche* (1207), die *Kirche der Myron tragenden Frauen* (1510) und die *Prokopius-Kirche* (1529). *Di–So 10–18 Uhr | auf der Marktseite*

KREML MIT SOPHIEN-KATHEDRALE

Gut erhaltene Festungsanlage aus dem 11. Jh. Hinter den 9 m hohen und 4 m breiten Mauern spüren Sie etwas vom alten, glanzvollen Russland. Kern der Anlage und Wahrzeichen der Stadt ist die 1000 Jahre alte *Sophien-Kathedrale*, eines der ältesten Bauwerke Russlands überhaupt. Die vergoldete Hauptkuppel mit den vier Nebenkuppeln sitzt strahlend auf dem weiß getünchten Bau. Im Inneren Ikonen des 14. Jhs. *Tgl. 10–20 Uhr*

ESSEN & TRINKEN
DETINEZ
In einer ehemaligen Kirche neben dem Petrowskaja-Turm des Kreml; Gerichte im Tontopf, Honigwein. *Tgl. | Kreml 7 | Tel. 8162/77 46 24 | €€*

ILMEN-HOLMGARD
Moderner Gastrokomplex im Kremlpark: Bistro, Bäckerei, skandinavisches Restaurant. *Tgl. | Ul. Gason 2 | Tel. 8162/77 71 92 | €*

ÜBERNACHTEN
BERESTA PALACE
Neueres Hotel: Pool, Sauna, Nachtclub, Bierbar, Konferenzsaal. *226 Zi. | Ul. Studentscheskaja 2 A | zentrale Buchung in Moskau: Tel. 495/363 25 49 | www.besteastern.com | €€€*

WOLCHOW
Modernes Touristenhotel im Zentrum, Restaurant. *Ul. Predtetschenskaja 24 | Tel. 8162/11 55 05 | Fax 11 55 26 | www.besteastern.com | €€*

AUSKUNFT
TOURISTEN-INFORMATION
Tgl. 10–17 Uhr | Sennaja Pl. 5 | Tel. 8162/77 30 74 | www.tourism.velikiynovgorod.ru

ZIEL IN DER UMGEBUNG
STARAJA RUSSA [134 B5–6]
Der Dichter Fjodor M. Dostojewski (1821–81) schrieb hier „Die Brüder Karamasow" und „Die Erniedrigten und Beleidigten". In seinem Haus,

das er in den Sommermonaten bezog, ist ein kleines Museum *(Di–So 10 bis 17 Uhr)* untergebracht. *95 km südlich von Welikij Nowgorod | Anreise mit dem öffentlichen Bus*

WOLOGDA
[135 D5] Das 200 Jahre während goldene Zeitalter dieser Stadt dauerte bis zum Ende des 17. Jhs. Der Blick vom Hügel über den gleichnamigen Fluss auf den Kreml lässt den einstigen Glanz erahnen. Als Flusshafenstadt war Wologda das Tor zum Norden des Zarenreichs. Mit der Gründung von St. Petersburg (1703) büßte die Stadt ihre Bedeutung ein. Die Stadt zählt heute 290 000 Einwohner. Mehrere in Russland bekannte Persönlichkeiten sind hier geboren, u. a. der Flugzeugkonstrukteur Sergej Iljuschin.

SEHENSWERTES
KREML
Die von Iwan dem Schrecklichen 1533–84 errichtete Anlage ist mit meterdicken Mauern und Wehrtürmen umfasst, drinnen Kirchen, Palast des Erzbischofs, Priestergemächer. Die großartige *Sophien-Kathedrale* ist auch heute noch die architektonische Dominante der Stadt, ihre fünf Zwiebeltürme grüßen weithin in die Landschaft. Restaurierte Fresken im Inneren (17. Jh.). *Kathedrale tgl. 10 bis 17 Uhr | am Ufer der Wologda, Ul. Orlowa*

MUSEUM FÜR GESCHICHTE, ARCHITEKTUR UND KUNST
Preisgekröntes Museum: Ikonen, Trachten, Knochen- und Birkenrindeschnitzereien. Die Wologdaer Spit-

zenklöppelei ist weltberühmt; die schönsten Tücher sind hier ausgestellt. *Mi–So 10–17 Uhr | Ul. Orlowa 15 (auf dem Kremlgelände)*

ESSEN & TRINKEN

KYOTO

Sehr gute japanische Küche, Raucher und Nichtraucher sitzen getrennt. *Tgl. | Ul. Lermontowa 19 | Tel. 8172/ 820627 | €€*

MOON CAFÉ

Up-to-date-Treffpunkt mit schmackhaften Steaks und Desserts. *Tgl. | Ul. Mira 82 | Einkaufszentrum Oasis | Tel. 8172/370411 | €€€*

ÜBERNACHTEN

ANGLETERRE

Elegantes, familiäres Hotel für gehobene Ansprüche. *25 Zi. | Ul. Lermontowa 23 | Tel. 8172/762436 | Fax 721687 | www.angliter.ru | €€€*

ZIEL IN DER UMGEBUNG

WELIKIJ USTJUG [135 D5] *Insider Tipp*

Die Stadt (35000 Ew.) gilt als Heimat von „Väterchen Frost" (Ded Moros), dem russischen Weihnachtsmann. In seiner „Residenz" kann man direkt oder per Post Weihnachtsgeschenke bestellen und sich im Thronsaal mit dem bärtigen Mann und seiner Gehilfin *Snegurotschka* (Schneewittchen) fotografieren lassen. Auf dem Postamt ist das ganze Jahr über Betrieb. Mehr als 300000 Wünsche aus aller Welt treffen hier alljährlich ein. Als Anschrift genügt: *Ded Moros, Gorod Welikij Ustjug; www.vologda.ru/dedmoroz; 450 km östlich von Wologda (14–15 Std. im Nachtzug)*

Auferstehungskirche und Sophienkathedrale im Kreml von Wologda

> DIE FREIGEBIGE WOLGA

Im Herzen Russlands müssen Reisende noch Pioniergeist
mitbringen

> Nördlich von Moskau, in den sumpfigen
Waldaihöhen beim Dörfchen Wolgowerchowje, entspringt ein Flüsschen, das sich
auf 3530 km zum mächtigsten Strom
Europas entwickelt: die Wolga, „Mutter
der russischen Flüsse". Dabei profitiert
sie von Zuflüssen wie der Oka (1478 km)
und der Kama (2032 km).

Ehe sie sich bei Astrachan ins Kaspische Meer ergießt, durchquert sie
stille, freundliche Landschaften Mit-
telrusslands mit Wiesen, Feldern und
malerischen Dörfern. Sie bahnt sich
ihren Weg durch endlose Steppen,
die in Halbwüste übergehen, sie
schlängelt sich über 75 km um die
Schigulihöhen und rückt bei Wolgograd dem Don nahe. Gerade 50 km
trennen beide Flüsse hier voneinan-
der. Seit 1952 sind sie durch den
Wolga-Don-Kanal verbunden.

    Das westliche Flussufer ist steil
und, und dort liegen auch die wichtigsten Städte: Nischnij Nowgorod

Bild: die Wolga

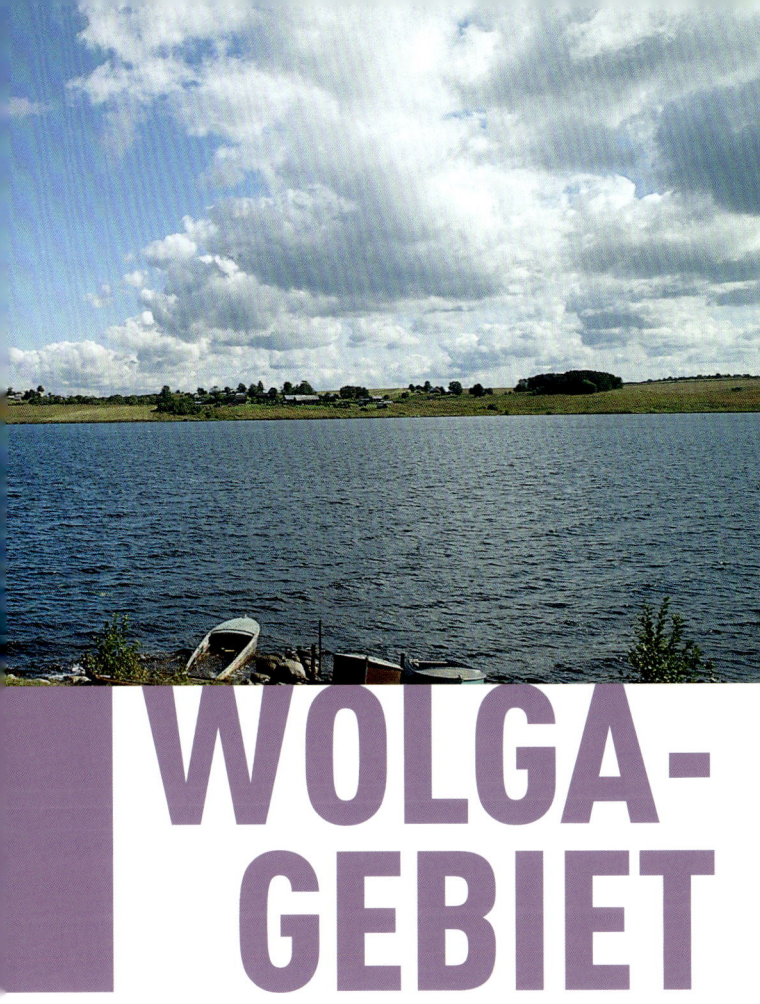

WOLGA-GEBIET

(ehedem Gorkij), Uljanowsk, Saratow, Wolgograd. Am anderen Ufer war Städtebau in der Vergangenheit wegen der ständigen Hochwassergefahr nur bedingt möglich.

Die Wolga ist nicht nur eine wichtige Wasserstraße für den Touristenverkehr, auf ihr wird auch ein großer Teil des Gütertransports abgewickelt. Vielen Bewohnern bietet ihr Fischreichtum zudem eine wichtige Einnahmequelle.

Eine ganz eigene Landschaft bildet schließlich das Wolgadelta. Über etwa 800 Arme fließt die Wolga auf einer Breite von fast 200 km dem Kaspischen Meer entgegen. Die Satellitenaufnahme wirkt wie eine Schemazeichnung des menschlichen Blutkreislaufs mit den Verästelungen der Venen und Adern. Das Wolgadelta, etwa so groß wie Rheinland-Pfalz, ist mit seinen vielen Seen und Inseln ein Tier- und Pflanzenparadies.

ASTRACHAN

Ein gemäßigtes Kontinentalklima beherrscht das Wolga-Gebiet. Die Winter sind kalt, trocken, mit viel Schnee und einer Durchschnittstem-

Bauern, Handwerkern und Händlern weiter voran, sodass der tatarische und persische Einfluss weiter zurückging.

Fünf Turmaufsätze schmücken die Mariä-Entschlafens-Kathedrale im Kreml von Astrachan

peratur von minus 14 Grad im Januar. In heißen und trockenen Sommern klettert das Thermometer im Juli auf 24 Grad. Badesaison ist von Juni bis September.

ASTRACHAN

[137 D4–5] Die Stadt erstreckt sich im Wolgadelta über elf Inseln; mehr als 30 Brücken verbinden die Bezirke. Etwas hochtrabend wird sie deshalb auch „Venedig an der Wolga" genannt. Einst Sitz des Astrachaner Khanats, wurde der Ort 1558 von russischen Truppen erobert. Peter der Große trieb die Besiedlung des Gebiets mit russischen

Die Stadt (500000 Ew.) lebt heute von Fischfang und -verarbeitung. Mehr und mehr aber wird der sanfte Tourismus zu einem Wirtschaftszweig: Moderne Touristenherbergen werden gebaut, schwimmende Hotels errichtet.

■ SEHENSWERTES ■

HISTORISCHES MUSEUM
Umfangreiche Sammlung aus der Frühgeschichte der Region – mit archäologischen Funden aus der Mittelsteinzeit sowie Zeugnissen der Assyrer, Skythen, Sarmaten, Chasaren, Nogaier und Tataren. *Di–So 10–17 Uhr | in einem der Kremltürme*

KREML

Auf erhöhtem Plateau breiten sich hinter weiß getünchten Mauern die Gebäude aus. Die ursprüngliche Verteidigungsanlage aus Holz wurde 1582–89 durch massive Bauten ersetzt. Drei der sieben Türme sind mit Toren versehen. Das *Krasnyj-* und das *Nikolskij-Tor* führen zur Wolga, das *Pretschistenskij-Tor* in die *Belyj Gorod* (Weiße Stadt). Eindrucksvoll ist die *Mariä-Entschlafens-Kathedrale* (1698–1710), die rundum von einer Empore umgeben ist. Über dem majestätischen Bau ragen fünf Kuppeln in den Himmel.

KUNSTGALERIE

Namensgeber des Museums ist der hier geborene Landschafts- und Theatermaler Boris Kustodijew (1878 bis 1927), ein Schüler Ilja Repins. Beeindruckend die Fülle der Malerei russischer Künstler des 18./19. Jhs. *Di–So 10–18 Uhr | Ul. Swerdlowa 81*

MARKT

Ein buntes Bild bietet der tägliche Basar. Im Spätsommer und bis in den Herbst hinein erhält man hier die leckeren, kopfgroßen Wassermelonen, *Insider Tipp* die besten ganz Russlands. *Tgl. 8–18 Uhr | Ul. Pobjedy (am Katumkanal)*

WEISSE STADT (BELYJ GOROD)

Neben gut erhaltenen Kaufmannshäusern, z. B. dem *Demidow-Haus,* einem architektonischen Erbe des 18. Jhs., stößt man auf Spuren der Handelsleute des mittleren Ostens und Südwestasiens. Die *Persische Moschee* sowie die *Weiße* und *Schwarze Moschee* der Tataren sind Zeugnisse dieser Vergangenheit.

■ ESSEN & TRINKEN ■
AKWEDUK

Russische Küche in historischem Interieur; preiswertes Business-Lunch. *Tgl. | Ul. Swerdlowa 15 | Tel. 8512/ 220764 | €€*

MARCO POLO HIGHLIGHTS

★ **Nationalmuseum Tatarstans**
Sitten und Bräuche der Tataren
(Seite 71)

★ **Samara**
Im Sommer trifft man sich zum
Flirten an der Wolga-Promenade
(Seite 75)

★ **Wolgadelta**
Einzigartige Naturlandschaft
am Kaspischen Meer (Seite 70)

★ **Kasan**
Historischer Stadtkern mit Minaretten,
Moscheen und weißem Kreml (Seite 70)

★ **Wolga-Don-Kanal**
Ein Kanal mit technischen Attraktionen
(Seite 77)

★ **Lenin-Memorial**
Lenin-Gedenkstätte in Uljanowsk mit
Konzert- und Kinosaal (Seite 76)

★ **Mamajew-Kurgan**
Gedenkstätte in Wolgograd zu Ehren
der Gefallenen des Zweiten Weltkriegs
(Seite 76)

★ **Kreml**
Eine Mauer mit elf Türmen umgibt den
Kreml von Nischnij Nowgorod (Seite 73)

KAPITAN-KLUB
Fischgerichte sind die Visitenkarte des Hauses. *Tgl. | Ul. Kujbyschewa/ Poljakowa | Tel. 8512/546067 | €€*

■ ÜBERNACHTEN ■

AZIMUT
Saniertes Hotel mit Wolga- oder Kreml-Blick, *239 Zi. | Ul. Kremljowskaja 4 | Tel. 8512/229500 | www.azimuthotels.ru | €€*

HOTEL KORWET 🔊
Neuer Geist in altem Gebäude (19. Jh.). Saubere Zimmer, gute russische Küche. *14 Zi. | Ul. Bojewaja 50 A | Buchung in Moskau: Tel. 495/363 2549 | www.besteastern.com | €€*

■ ZIEL IN DER UMGEBUNG ■

WOLGADELTA ⭐   [137 D4–5]
Vor allem Naturliebhaber, Ornithologen und Angler kommen bei einer Exkursion ins Wolgadelta auf ihre Kosten. Zwei Bootstouren sind besonders zu empfehlen: Ein Ausflug führt in die Nähe der Rast- und Überwinterungsplätze der Wasservögel zur Außenstelle des Naturreservats in Damtschke. Wenn man Glück hat, sieht man Blesshühner, Haubentaucher, Kolben- und Stocktauben, seltener Schneekraniche oder Kormorane. Die andere Tour bringt Sie in die Schwimmblattvegetation. Mit flachen Booten stakt man an Rabatten Weißer Seerosen vorbei, erblickt die gelbe Teichrose und genießt die rosarote Blütenpracht der Lotosblume. Ende Juli bis Anfang September zeigt sie sich in ihrer ganzen Herrlichkeit. Vermittlung über *Tintour | Astrachan | Ul. Burowa 14 | Tel. 8512/395665 | www.tintour.ru*

KASAN

[137 D2] ⭐ **Um den historischen Stadtkern mit seinen Villen im Stil des russischen Barock, seinen Minaretten und Moscheen sind moderne, aber auch eintönige Wohnviertel entstanden.** Die faszinierende architektonische Mischung verdankt Kasan dem Zusammenleben von Moslems, Tataren und russisch-orthodoxen Bewohnern. Heute leben hier 1,1 Mio. Menschen aus 70 Nationen und Völkern. Die Universität der Stadt ist der kulturelle Magnet der Region. 750 km von Moskau entfernt, ist Kasan eine der wenigen Städte, die am flachen, östlichen Wolgaufer liegen – wo die Kasanka sich mit der Wolga vereint. Eine 4 km breite Überschwemmungszone trennt die Stadt von den Schiffsanlegestellen. Nicht nur für die Handelsschifffahrt ist Kasan von Bedeutung. Hier starten auch viele Wolgareisen.

Kasan blickt seit 2005 auf eine 1000-jährige Geschichte zurück und feierte sich mit der Eröffnung der *Kul-Scharif-Moschee* und einer Metro. Im 13./14. Jh. war Kasan Hauptstadt des Reichs der Wolga-Bulgaren, im 15./16. Jh. Zentrum des Kasaner Khanats, das unter Iwan Grosnij zum russischen Reich kam. Kasan ist seit 1991 Hauptstadt der Republik Tatarstan, die die Trennung von Moskau betrieb. Inzwischen wurde die doppelte Staatsangehörigkeit eingeführt, an den Schulen ist Tatarisch Pflichtfach. Der zunehmende Einfluss des Islam wird auch daran deutlich, dass es schon mehr Moscheen als Kirchen in der Stadt gibt, und weitere sind im Bau. Die Autonome Republik hat souveräne Entscheidungsbefugnisse.

SEHENSWERTES

KREML

In nur zehn Jahren wurde der Kreml im 16. Jh. aus weißem Sandstein erbaut und ersetzte damit den früheren Holzkreml. Auf dem Gelände befinden sich auch die *Mariä-Verkündigungs-Kathedrale* (1562), der *Sju-*

NATIONALMUSEUM TATARSTANS ★

Ein Muss für jeden Kasan-Besucher. 1894 als Historisches und Heimatmuseum gegründet, beherbergt es mehr als 650 000 Exponate, die mit dem Leben der 1,7 Mio. Tataren bekannt machen. *Di–So 10–18 Uhr | Ul. Kremljowskaja 2*

Botanische Rarität: Lotosblüten im Wolgadelta

jumbekij-Turm (17. Jh.) und der *Palast des Gouverneurs*, in dem heute der Präsident Tatarstans residiert. *Tgl. 10–17 Uhr | am Flussende der Ul. Baumana*

MUSEUM DER BILDENDEN KÜNSTE

Werke russischer und tatarischer Kunst des 18. bis 20. Jhs. Außerdem wird ein Überblick über tatarisches Kunsthandwerk seit dem 9. Jh. gegeben. *Tgl. außer Mo | Ul. Marksa*

PETER-PAUL-KATHEDRALE

Die schönste Kirche im Ort (1726 vollendet) schmückt üppiger Kalksteindekor, der sich in blaugrünen Tönen von der weißen Fassade abhebt. *Ul. Mussy Dschalila*

UNIVERSITÄT

Die Hochschule entstand als zweite Russlands nach Moskau. Hier studierten u.a. Leo Tolstoi („Krieg und Frieden") und der Sänger Fjodor

Schaljapin. 1887 ließ sich Wladimir Iljitsch Uljanow, genannt Lenin, an der juristischen Fakultät immatrikulieren. Später erhielt die Universität seinen Namen. *Tgl. außer So | Ul. Kremljowskaja 18*

■ ESSEN & TRINKEN ■
ISJUM

Tatarische, aserbaidschanische und usbekische Küche, dazu aromatische Wasserpfeifen. *Tgl. | Ul. Ostrowskogo 38 | Tel. 843/2365344 | €€*

SYTYJ PAPA ⌇

Beim „Satten Papa" bleibt keiner hungrig: Bierrestaurant, China-Imbiss und Konditorei unter einem Dach. *Tgl. | Ul. Astronomitscheskaja 7 | Tel. 843/2922480 | €–€€*

■ ÜBERNACHTEN ■
MIRAGE ⌇

Schickes, internationales Business-Hotel; das Restaurant *Opera* genießt einen guten Ruf. *109 Zi. | Ul. Moskowskaja 1a | Tel. 843/2780505 | www.mirage-hotel.ru | €€€*

SAFAR ⌇

Frisch saniertes Hotel in ruhiger Lage, Sauna, Kasino, tatarische Küche. *189 Zi. | Ul. Odnostoronnaja Griwka 1 | Tel. 843/5279696 | www. amaks-hotels.ru | €€*

■ AM ABEND ■

Opern- und Balletttheater *Mussa Dschalil (Pl. Swobody 2);* Tatarisches Akademisches Theater *G. Kamal (Ul. Gorkogo 13);* bei Dancefloor-Fans angesagt ist das *Arena (Ul. Puschkina 17);* Konzertsaal des Kasaner Staatlichen Konservatoriums *(Pl. Swobody).*

■ ZIEL IN DER UMGEBUNG ■
WOLGAFAHRT

Insic Tip

Am reizvollsten ist es, das Herz Russlands vom Wasser aus zu erkunden. Sowohl russische als auch deutsche Reiseveranstalter bieten Touren

Schmuckfassade eines Kaufmannshauses im Zentrum von Nischnij Nowgorod

an, die u.a. in Nischnij Nowgorod, Kasan, Uljanowsk und Wolgograd Station machen. Gefahren wird bei Nacht, tagsüber haben Sie Gelegenheit, die Städte zu besichtigen. Die Schiffe sind recht modern. Von Frühjahr bis Herbst verkehren zwischen den Städten Passagierschiffe und schnelle Tragflügelboote. Buchen können sie Teilstrecken oder mehrtägige Routen. Anbieter: z.B. *Turflot | Ul. Bolschaja Ordynka 21 | Moskau | Tel. 495/963 94 52 | www.turflot.ru*

NISCHNIJ NOWGOROD

[135 D6] Wo die Oka in die Wolga mündet, liegt die größte Stadt (1,3 Mio. Ew.) der Region. 1932 zu Ehren des hier geborenen Schriftstellers Maxim Gorkij (gegen dessen Willen) in Gorkij umbenannt, erhielt sie 1990 ihren alten Namen zurück. Die „Untere Neustadt" (so die Bedeutung des Namens) wurde 1221 gegründet und war gleich ein bedeutendes Handelszentrum. Im 15. Jh. war sie Stützpunkt im Kampf gegen die Tataren und im 17. Jh. Zentrum des nationalen Widerstands gegen die nach Russland eingedrungenen Polen und Schweden. Im 19. Jh. entwickelte sie sich zur Stadt der Handelsmessen. Nischnij Nowgorod wurde zum führenden Umschlagplatz zwischen Europa und Asien und galt schließlich als größte Messe der Welt, wo die Weltmarktpreise für Getreide, Metalle und Pelze ausgehandelt wurden.

Unter der Sowjetmacht wurde Nischnij Nowgorod ein wichtiges Industriezentrum, vor allem für die Metallverarbeitung. Von hier stammen die Limousinen „Wolga" und „Tschaika". Eine Universität, Hochschulen, Theater und Museen entstanden. Weil Gorkij aber auch eine Stätte der Rüstungsproduktion war, blieb die Stadt für Ausländer bis 1990 gesperrt. Dissidenten wurden nach Gorkij verbannt, so der Physiker und Nobelpreisträger Andrej Sacharow, der hier bis 1986 isoliert lebte.

■ SEHENSWERTES ■

GORKIJ-GEDENKSTÄTTE
Die Räume, in denen der Schriftsteller Maxim Gorkij (1868–1936) seine Kindheit verbrachte, sind zu besichtigen. Hier lebte er als Bettler und Lumpensammler, ehe er „Unter fremde Menschen", so der spätere Buchtitel, ging. Da man dem Handwerkersohn das Studium in Kasan verweigerte, eignete er sich als Autodidakt umfangreiches Wissen an. Er gilt als Mitbegründer des sozialistischen Realismus. Trotz seiner Freundschaft mit Lenin blieb er ein Kritiker der kommunistischen Gesellschaft. *Di bis So 9–16 Uhr | Kaschirinhaus, Potschtowyj Sjesd 21*

HANDELSHAUS
Eines der herausragenden Werke des russischen Jugendstils ist das renovierte Haus des S. M. Rukawischnikow (1908/09). Es erinnert an den Jahrmarkt im 19. Jh. Hier schlugen Tausende Händler alljährlich ihre Stände auf. Jetzt knüpft man an diese Tradition an. *Auf der Landzunge am Zusammenfluss von Oka und Wolga*

KREML ★ ☀
1374 wurde mit dem Bau des steinernen Kreml begonnen, den ein Mos-

kauer Meister 1511 beendete. Er erhebt sich über einem Steilhang am östlichen Ufer bei der Mündung der Oka in die Wolga. Von dort hat man einen tollen Blick auf die Stadt. Den Kreml umgibt eine Mauer von über 2 km Länge. Von den 13 Türmen

■ ESSEN & TRINKEN ■

BAVARIA
Hier wird deutsche und russische Küche serviert, dazu gibt's Oktoberfestveranstaltungen zur Saison. *Tgl. | Ul. Politbojzow 8 | Tel. 831/29 00 2 30 | €€*

Kunstvolles Schnitzwerk ziert die Fenster dieses Holzhauses

sind heute noch elf erhalten. Besonders originell ist der Uhrturm, der einst als Wachturm diente. *Tgl. 10 bis 17 Uhr*

SACHAROW-MUSEUM
In dem zwölfgeschossigen Wohnhaus, in dem einst der Physiker und Bürgerrechtler Andrej Sacharow (1921–89) isoliert und bewacht leben musste, ist heute ein bescheidenes Museum eingerichtet. *Tgl. 10–17 Uhr | Pr. Gagarina 214 (am Stadtrand)*

KUPETSCHESKIJ
Aristokratisches Ambiente, feine Wild- und Fischgerichte. *Tgl. | Aleksejewskaja 15 | Tel. 831/43 2 01 08 | www.kupetchesky.ru | €€ – €€€*

■ ÜBERNACHTEN ■

NIKOLA HOUSE 🔊
Kleines, modernes Haus mit zuvorkommendem Personal. *31 Zi. | Ul. Poscharskogo 31 | Tel. 831/419 39 39 | Fax 419 29 01 | www.nikola-house. ru | €€ – €€€*

WOLNA

Komfortables Businesshotel, europäischer Standard. *198 Zi. | Pr. Lenina 98 | Tel. 8312/295 19 00 | Fax 295 14 14 | reception@volnahotel.ru | €€*

SAMARA

[137 D3] ⭐ **Der Automobilhersteller Lada nannte eines seiner Modelle „Samara" und machte die Stadt (1,2 Mio. Ew.) dadurch berühmt.** Dabei werden die Fahrzeuge gar nicht hier produziert, sondern im 100 km entfernten Togliatti. Als zaristische Festung 1586 am rechten Wolgaufer gegründet, entwickelte sich Samara ab dem 18. Jh. zu einem Siedlungszentrum der Wolgadeutschen. In der Altstadt erinnert noch ein Fachwerkhaus an die Einwanderer. Samara hat sich in den vergangenen Jahren wirtschaftlich gut entwickelt und zieht zunehmend ausländische Investoren an.

■ SEHENSWERTES ■

BAHNHOF 🔊

Die 2004 fertig gestellte Glas-Stahl-Konstruktion ist das höchste Bahnhofsgebäude Europas und überragt mit 86 m Höhe die ganze Stadt. Von der ☀ Aussichtsplattform im 14. Stock hat man einen schönen Ausblick. *Komsomolskaja Pl. 1*

insider tipp

STALIN-BUNKER

Der tiefste Bunker der Welt (37 m) sollte Stalin während des Zweiten Weltkriegs als Ausweichquartier dienen. Er kam jedoch nie zum Einsatz. 600 Arbeiter gruben neun Monate lang, hoben 27 000 m³ Erde aus, ohne dass die Anwohner es bemerkten.

196 Stufen führen unter die Erde. *Mo–Fr 11–15 Uhr | Ul. Frunse 167*

WOLGAPROMENADE

Die 5 km lange Promenade gilt als eine der schönsten entlang der Wolga. Hier trifft man sich im Sommer zum Baden, Flirten und Biertrinken.

■ ESSEN & TRINKEN ■

RUSSKAJA OCHOTA

Rustikales Jagdambiente mit entsprechenden Gerichten. *Tgl. | Ul. Gagarina 54 | Tel. 846/290 29 54 | €€*

SCHILI-BYLI

Der Restaurantname leitet jedes russische Märchen ein: „Es war einmal". Populäre Kette mit rustikaler Hüttenatmosphäre und nationalen Gerichten. *Tgl. | Pr. Lenina 3 | Tel. 846/263 35 05 | €€*

>LOW BUDGET

> Ein günstiges und typisches Mitbringsel aus Tatarstan ist *Tschak-Tschak*, süßes Honiggebäck, oft in Kegelform. Das größte Angebot führen fliegende Händler am Bahnhof von Kasan.

> Wer eine Wolgafahrt machen will, aber nicht genügend Zeit oder Geld hat, um die ganze Strecke von Rostow am Don oder Astrachan bis Moskau zu erleben, kann auch unterwegs aussteigen, z.B. in Kasan. Von dort fährt man mit dem erschwinglichen Nachtzug nach Moskau weiter. Für die Anreise zum Startpunkt Rostow können Sie jetzt auch die erste russische Low-Cost-Airline *Sky Express* nutzen (*www.skyexpress.ru*).

■ ÜBERNACHTEN ■

AZIMUT 🎵

Modernes Hotel, helle Räumen. *86 Zi. | Ul. Frunse 91/37 | Tel./Fax 846/277 80 80 | www.azimuthotels.ru* | €€

HOLIDAY INN 🎵

Internationaler Standard in zentraler Lage. *177 Zi. | Ul. A. Tolstogo 99 | Tel. 846/372 70 00 | Fax 372 70 01 | www.ichotelsgroup.com* | €€€

■ AM ABEND ■

Berühmt ist das *Opern- und Ballett-theater (Ul. Kuibyschewa 1).*

■ ZIEL IN DER UMGEBUNG ■

LENIN-MEMORIAL ⭐   [137 D2]

Das Bauwerk aus weißem Marmor wurde 1970 zu Lenins 100. Geburtstag in Uljanowsk eingeweiht. Zu Sowjetzeiten war die Kult- und Wallfahrtsstätte gut besucht – heute verirren sich meist nur Schulklassen und Wolgaschiff-Touristen hierher. *Di bis So 9–17 Uhr | www.zapovednik.mv. ru | 200 km nördlich, Anreise mit dem Bus ca. 3 Std.*

WOLGOGRAD

[137 D4] Eine Stadt mit tragischer Vergangenheit: 1589 als Festung Zaryzin 930 km von Moskau entfernt am Unterlauf der Wolga errichtet, entwickelte sich die Ansiedlung wirtschaftlich rasch und zählte im Revolutionsjahr 1917 135 000 Einwohner. Während des Bürgerkriegs 1918 bis 1920 fanden hier erbitterte Kämpfe statt. Der Ort wurde zum Stützpunkt der Revolutionäre. Damit hatte sich die Stadt 1925 den Namen Stalingrad erworben. Viele Fabriken entstanden, u.a. das erste Traktoren-werk, in dem später der legendäre Panzer T-34 produziert wurde. Stalingrad wurde zu einem Wirtschaftszentrum der Sowjetunion.

Die erbitterten Kämpfe im Zweiten Weltkrieg legten die Stadt in Schutt und Asche. Nicht ein einziges Haus blieb erhalten. 160 Tage, von August 1942 bis Februar 1943, dauerte die Schlacht an der Wolga. Dann war die eingekesselte 6. deutsche Armee zur Kapitulation gezwungen. Über 1 Mio. Soldaten hatten ihr Leben verloren. Mit der Schlacht um Stalingrad nahm der Krieg seine Wende. Nach Kriegsende wurde die Stadt wieder aufgebaut und neu gestaltet. Schachbrettartig breitet sie sich über 75 km am rechten Wolgaufer aus. Heute leben ca. 1 Mio. Menschen in Wolgograd, das 1961 im Zuge der Entstalinisierung seinen jetzigen Namen erhielt.

■ SEHENSWERTES ■

MAMAJEW-KURGAN ⭐

Die Anhöhe nördlich des Zentrums war 1942 der wichtigste Punkt für die Verteidigung von Stalingrad. 1967 wurde hier zu Ehren der Gefallenen eine Gedenkstätte errichtet. Dazu gehören die Ruhmeshalle mit dem ewigen Feuer, eine Ruinenwand mit Kampfszenen, ein Platz der Helden und der Platz auf Leben und Tod. Über allem erhebt sich das 85 m hohe Standbild „Mutter Heimat", das größte Standbild Europas.

MUSEUM DER BILDENDEN KÜNSTE

Werke russischer Künstler. Besondere Aufmerksamkeit gebührt den Künstlern der Stadt und der Umgebung. 3000 Werke, z.T. im Stil des sozialistischen Realismus, wurden hier zusammengetragen. *Tgl. 11–18 Uhr | Pr. Lenina 21*

■ ESSEN & TRINKEN ■

STEAK HOUSE
Fleisch in allen Variationen, urige Atmosphäre. *Tgl. | Ul. Sowjetskaja 11 | Tel. 8442/50 39 50 | €€*

■ ÜBERNACHTEN ■

JUSCHNAJA 🔊
2008 renoviertes Hotel in zentraler Lage. *177 Zi. | Ul. Rabotsche-Krestjanskaja 18 | Tel. 8442/90 11 11 | www.hotelug.ru | €€*

WOLGOGRAD
Touristenhotel in der Stadtmitte, modernisiert. *187 Zi. | Ul. Mira 12 | Tel. 8442/40 80 30 | Fax 38 84 28 | www.hotelvolgograd.ru | €*

■ ZIELE IN DER UMGEBUNG ■

FREILICHTMUSEUM ALT-SAREPTA [137 D4]
Insider Tipp

Deutsche Kolonisten ließen sich an dieser Stelle ab 1765 nieder. Heute stehen 15 Gebäude unter Denkmalschutz. Die „Deutsche Bibliothek" ist ein Geschenk des Landes Nordrhein-Westfalen. *Mo–Fr 8–17 Uhr | Ul. Telmana 7, Expressbus ab Hauptbahnhof Wolgograd (Fahrzeit 1 Std.)*

WOLGA-DON-KANAL ★ [137 D4]
Die Fahrt mit einem Kutter oder dem Tragflügelboot auf dem Wolga-Don-Kanal ist ein echtes Erlebnis. Der Kanal ist 101 km lang und hat 13 Schleusen. Er verbindet seit 1952 die Wolga und den Don und verschafft Wolgograd damit Zugang zum Schwarzen, zum Asowschen und zum Weißen Meer sowie zur Ostsee.

Gedenkstätte Mamajew-Kurgan, im Hintergrund „Mutter Heimat"

> DAS GANZE JAHR LANG IST SAISON

Sotschi ist die „Perle" an der Schwarzmeerküste.
Die kaukasischen Mineralbäder sind ein Geheimtipp

> **Die Touristenlandschaft Südrussland umfasst die Region südlich von Rostow am Don, es sind die administrativen russischen Gebiete Krasnojarsker und Stawropoler Rayon. Südrussland grenzt hier an die Unruheherde Abchasien und Tschetschenien.**
Dennoch besteht für die touristischen Gebiete am Schwarzen Meer zwischen Noworossijsk und Sotschi, die Mineralbäder im Nordkaukasus und die Skigebiete um den 5642 m hohen Elbrus keine Bedrohung. Die Natur hat diese Region üppig ausgestattet mit fruchtbaren Steppen und eisbedeckten Berggipfeln, mit subtropischer Flora, heilsamen Quellen und langen Stränden.

Die Kurorte an der russischen Schwarzmeerküste sind seit vielen Jahrzehnten Ziel von Urlaubern. Auf einem Küstenabschnitt von 400 km herrscht zwischen Mai und Oktober Badebetrieb. Auf den gleichen Brei-

SÜDRUSSLAND

tengraden wie die italienische und
französische Mittelmeerküste gelegen, gibt es hier auch ähnliche klima-
tische Bedingungen: blauer Himmel,
wenig Regen, gleichbleibende Som-
mertemperaturen, leichte Winde vom
Meer. Hinter Tuapse, wo die Berg-
hänge des Kaukasus beginnen, liegen
die Strände noch geschützter. Das Er-
holungsgebiet Sotschi ist das nördlichste subtropische Gebiet des Erd-
balls und zugleich die größte Bade-

wanne Russlands. Die Sommertage
bringen keine drückende Schwüle, an
den Abenden weht eine kühle Brise.
Einzigartig wirkt die Luft, man riecht
sie geradezu; sie ist ungewöhnlich
sauber und reich an Sauerstoff (21
Prozent). Hinzu kommt der leichte
Seewind, der die Luft mit Brom-,
Jod- und Salzionen anreichert.

Mineralnyje Wody heißt das Zentrum, von wo aus die nordkaukasi-
schen Bäder zu erreichen sind. Be-

reits im 18. Jh. entstanden hier die ersten Bäder, eine Eisenbahnlinie nach Rostow-na-Donu schaffte den Anschluss an die großen russischen Städte. Die Quellen haben ihre Wir-

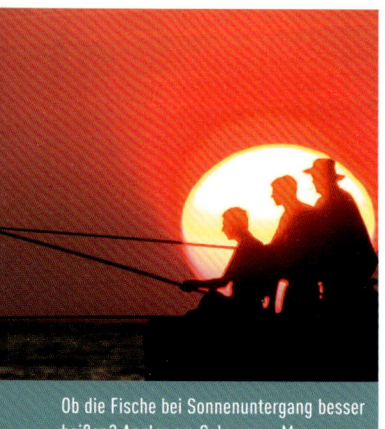

Ob die Fische bei Sonnenuntergang besser beißen? Angler am Schwarzen Meer

kung nicht verloren. 130 Mineralquellen unterschiedlicher chemischer Zusammensetzung sprudeln hier. Sie sollen Herz- und Kreislaufkrankheiten, Stoffwechselstörungen und Hautkrankheiten heilen. Zu den kaukasischen Mineralbädern zählen die Kur- und Badeorte Jessentuki, Kislowodsk, Pjatigorsk und Schelesnowodsk.

ANAPA

[136 B5] ⭐ Die Stadt (55 000 Ew.) ist das nördlichste Seebad der Region und gilt als besonders kinderfreundlich, denn seit Sowjetzeiten hat man sich hier auf die Kurbetreuung von Kindern spezialisiert. Der Ort gilt mit 280 Sonnentagen pro Jahr als sonnenreichster der ganzen

Schwarzmeerküste, hat einen Sandstrand von 40 km Länge und liegt in einer malerischen Bucht. Badesaison ist Mitte Mai bis Mitte Oktober.

Die seit dem 7. Jh. v. Chr. bezeugte Siedlung erhielt im 4. Jh. v. Chr. den Namen des Statthalters Gorgippia, der Handel mit Hellas trieb. Nach der Zerstörung im 3. Jh. v. Chr. entstand an gleicher Stelle ein Fort, das sich als Anapa seit 1866 zu einem Kurort entwickelte.

■ SEHENSWERTES ■

ANTIKES GORGIPPIA

Die Konturen der alten Stadt wurden auf einer Fläche von 6000 m² freigelegt: Reste von Wohnhäusern, ein Tempel, eine Kelterei sowie Teile von Wehrmauern. Besucher können über eine Straße gehen, die vor 2500 Jahren gepflastert wurde. *Ul. Nabereschnaja 4*

Insider Tipp

■ ESSEN & TRINKEN ■

KOWTSCHEG

Eines der besten Restaurants der Stadt, gute Auswahl. *Pr. Rewoluzii 1 | Tel. 86133/557 87 | €€*

■ ÜBERNACHTEN ■

HELIOPARK BOSPOR

Modernes Haus mit Babysitter-Service. *51 Zi. | Ul. Krepostnaja 1 a | Tel. 86133/439 59 | www.bospor.helio park.ru | €€*

PARK-HOTEL

Originelle Architektur, nur 20 m vom Meer entfernt; guter Service, Spitzenrestaurant *Egoist*. *55 Zi. | Ul. Nabereschnaja 8 | Tel. 86133/583 20 | Fax 583 21 | www.park-hotel-anapa. com | €€*

KISLOWODSK

[136 C5] ★ Diesen in 850 m Höhe gelegenen Kurort kennt in Russland jedes Kind. Für ausländische Touristen ist Kislowodsk, wie die anderen Kaukasus-Mineralbäder, noch ein Geheimtipp. Der 1803 gegründete Ort (129 000 Ew.) wurde durch seine Quelle *Narsan* (Kabardinisch für „Trunk der Krieger") bekannt. Das Wasser gilt als Lebenselixier: Man trinkt es, badet darin oder inhaliert es. Trinkhallen und Grünanlagen prägen das Bild der Stadt. Abends trifft man sich in der Disko, in Nachtclubs oder im Kasino.

„Insider Tipp"

■ SEHENSWERTES ■

NARSAN-GALERIE
Die berühmte Mineralquelle ist von einem historischen Bau umschlossen. Die Quelle sprudelt unter einer Glasglocke. *Tgl. 7–9, 11–14 und 16–19 Uhr*

PARK
In dem schönen, alten Park am Olchowka-Fluss gibt es eine Lesehalle mit dem poetischen Namen *Chram Wosducha*, „Tempel der Luft", und

ein gleichnamiges Restaurant. ❉ Von hier aus blickt man auf die Stadt. *Unterhalb der Narsan-Galerie*

■ ESSEN & TRINKEN ■

SAMOK
Gute kaukasische Küche und leckere Fischspezialitäten werden in einem 1939 erbauten Schlösschen serviert. *Alikonowskoje Uschelje, 7 km westlich der Stadt | Tel. 87937/598 04 | €€*

■ ÜBERNACHTEN ■

PLAZA ♫
Neueres Haus mit Pool und Wellness-Angeboten in Bahnhofsnähe. *274 Zi. | Pr. Lenina 26 | Tel. 87937/934 00 | www.plaza-spahotel.ru | €€€*

■ ZIEL IN DER UMGEBUNG ■

JESSENTUKI ★   [136 C5]
Zwischen Kislowodsk und Pjatigorsk liegt diese Kleinstadt im weiten Gebirgstal des Podkumok-Flusses. 1827 als Kosaken-Staniza gegründet, wurde sie bald zum Kurort ausgebaut: Häuser und Wandelhallen prunken im klassizistischen Stil, im großen Park liegen Sanatorien und Erholungsheime. *40 km entfernt*

MARCO POLO HIGHLIGHTS

★ **Mineralnyje Wody**
Die berühmten Mineralbäder Kislowodsk, Jessentuki, Pjatigorsk und Schelesnowodsk
(Seite 81 und 84)

★ **Sotschi**
Der Kurort am Schwarzen Meer, die „südliche Perle Russlands", wird gern mit Nizza und Cannes verglichen (Seite 87)

★ **Maschuk-Berg**
Kleines Naturwunder am Maschuk bei Pjatigorsk (Seite 84)

★ **Donkosaken-Museum**
In Nowotscherkassk auf den Spuren der Kosaken (Seite 87)

★ **Anapa**
Sonnenreichster Kurort der Schwarzmeerküste (Seite 80)

NOWO-ROSSIJSK

[136 B5] Der größte Handelshafen an der östlichen Schwarzmeerküste (230 000 Ew.) liegt ideal in der Zemes-Bucht. Eine lange Geschichte prägt diesen Ort, der sich heute leider ohne den Charme der Vergangenheit präsentiert. Schon vor Christi Geburt als griechische Kolonie Bata gegründet, wurde die Niederlassung im 12./13. Jh. zu einem genuesischen Handelsposten. Nachdem die Türken das Gebiet erobert hatten, errichteten sie an der Mündung des Flusses Zemes eine Festung, um von hier aus Sklavenhandel zu betreiben. 1838 vertrieb die Schwarzmeerflotte die Türken; die Russen bauten den Ort zur Festung Noworossijsk (Neurussland) aus. Anfang des 20. Jhs. wurde der Hafen erweitert, in dieser Zeit begann auch der wirtschaftliche Aufschwung.

■ SEHENSWERTES ■

HAFEN ♒

Von den lang gestreckten Kaimauern hat man einen wunderbaren Blick auf Stadt und Meer. Die Promenade wurde neu gepflastert, mit Skulpturen und Laternen versehen, aus Lautsprechern ertönt Musik. Der Sowjet-Kreuzer „Michail Kutusow" kann besichtigt werden *(tgl. 10–17 Uhr)*.

KRIEGSMEMORIAL

Erinnert wird an die Landung der Schwarzmeerflotte auf der Kleinen

> KLEINE KAVIARKUNDE

Unter den Stören ist der Beluga König

Der Kaviar (russ.: *Ikra*) ist seit dem 17. Jh. als Vorspeise zum Festmahl bekannt. 80 Prozent der Weltproduktion stammen heute von den Stören der Wolga-Kaspi-Region. Drei Störarten sind Lieferanten für den schwarzen Kaviar: Der gewaltigste ist der Beluga oder Hausen, der bis zu 4 m lang und 1200 kg schwer wird. Der wichtigste Kaviarproduzent ist aber der kleinere Russische Stör oder Waxdick. Die häufigste Störart der Wolga-Region ist der Sternhausen, er bringt aber weniger Ertrag. Das weibliche Tier produziert die Eier, den Rogen. Der Rogen wird gesalzen und weiter bearbeitet. *Malossol* bedeutet „mild gesalzen". Durch diesen Prozess wird der Kaviar veredelt und haltbar gemacht. Ihre dunkle Färbung bekommen die Fischeier erst durch diesen Salzprozess. Als edelste Sorte gilt der Malossol aus Astrachan (Salzgehalt 4 Prozent). Im Gegensatz dazu ist Fass- bzw. Salzkaviar durch den höheren Salzgehalt (10–12 Prozent) länger haltbar. Je größer die Eier, desto wertvoller der *Ikra*. Auch die Farbe bestimmt die Qualität. Der rote Kaviar stammt vom Lachs und ist nicht so teuer. In den vergangenen Jahren hat die russische Regierung die Fangquoten sowie den Handel mit Kaviar drastisch eingeschränkt. Naturschützer halten das jedoch noch nicht für ausreichend und appellieren deshalb an die Verbraucher, die kostspielige Delikatesse lieber in den Regalen stehen zu lassen, damit sich die russischen Störbestände erholen können.

SÜDRUSSLAND

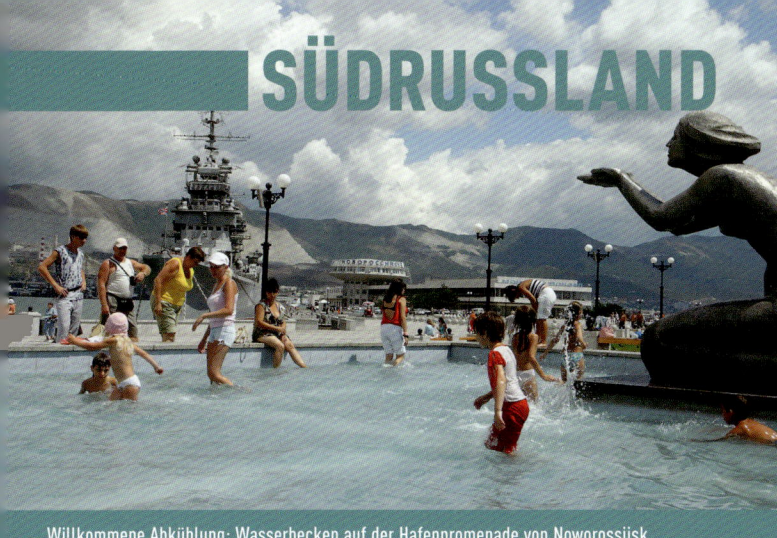

Willkommene Abkühlung: Wasserbecken auf der Hafenpromenade von Noworossijsk

Insel *(Malaja Semlja)* und an die Vernichtung der deutschen Truppen im Herbst 1943. *Malaja Semlja, 15 Min. Busfahrt in Richtung Aleksino*

ESSEN & TRINKEN

PODWORJE
Deftige russisch-ukrainische Küche; Besucher werden mit Wodka und Speck begrüßt. *Tgl. | Ul. Nabereschnaja 61 | Tel. 8617/61 99 22 | €€*

SOLOTOJ VJEK
Das „Goldene Zeitalter" führt eine große Auswahl an Fisch-, Fleisch- und Wildgerichten. Tipp: Bisonsteak. *Tgl. | Ul. Noworossiskoj Respubliki 6 | Tel. 8617/61 10 36 | €€*

ÜBERNACHTEN

EXPROMPT
Moderne Unterkunft, zentral. *24 Zi. | Ul. Widowa 5 | Tel./Fax 8617/ 61 28 05 | www.hotel-expromt.ru | €*

NOWOROSSIJSK 🔊
Saniertes Touristenhotel, nur 50 m vom Strand. *255 Zi. | Ul. Isajewa 2 |* *Tel. 8617/60 65 05 | Fax 63 15 59 | re serve@hotel-novoros.ru | €*

ZIELE IN DER UMGEBUNG

GELENDSCHIK   [136 B5]
Die Stadt (49 000 Ew.) liegt 43 km südöstlich von Noworossijsk in Ausläufer des Markochthöhenzuges eingebettet an der Küste. Zwei Kaps umschließen die Bucht. Am *Tonkij Mys* liegt auf einer Landzunge die Siedlung *Solnzedar* (Geschenk der Sonne), und am *Tolstyj Mys* (Breites Kap) erstreckt sich der Badestrand *Golubaja Buchta* (Blaue Bucht). Rundum wachsen Walnuss- und Apfelbäume, Pappeln und Kiefern. Der Name der Stadt kommt aus dem Türkischen (Kleine Braut) und erinnert an die Sklavenmädchen, die von hier aus in die Türkei, nach Ägypten und Arabien verkauft wurden.

WEINMUSEUM ABRAU-DJURSO   [136 B5]   *Insider Tipp*
Die Hänge rund um den malerischen See gleichen Namens sind mit Weinstöcken bewachsen. Der Kelterei am

See ist ein *Weinmuseum* angeschlossen *(Juni–Sept. Mo–Sa 10–13, 14–18 Uhr | Voranmeldung empfohlen: www.abraudurso.ru)*, das einen Einblick in die 100-jährige Geschichte des Weinbaus im Kubangebiet gibt. Verkostung möglich. *23 km entfernt*

PJATIGORSK

[136 C5] ⭐ Der Ort (140 000 Ew.) ist die „Hauptstadt" der kaukasischen Urlaubs- und Bäderregion. Der Name Pjatgori (fünf Berge) erklärt sich aus dem nahe gelegenen Bergzug. Hier sprudeln diverse Quellen: heiße, warme und kalte, mit Schwefel, Kohlensäure oder Eisen versetzt, mehr oder weniger radioaktiv zur Behandlung der unterschiedlichsten Krankheiten. Das Institut für Balneologie gilt international als Zentrum der Wirkungsforschung von Heilbädern. Der jung verstorbene Dichter Michail Lermontow (1814 bis 1841) verbrachte hier seine letzten Lebensmonate.

◼ SEHENSWERTES ◼

AELEONS HARFE 🌿

Unter dem von Säulen gehaltenen Dach eines Pavillons befindet sich eine Harfe, die bei leichtem Wind sacht erklingt – ein Dank der Lebenden an den Gott der Winde Aelus. Schöne Aussicht auf die Umgebung. *Am Anstieg zum Berg Maschuk | Bul. Gagarina*

Insider Tipp BLUMENPARK

Beim Spaziergang durch den Zwetnij-Park finden Sie inmitten gepflegter Rabatten das *Theater der Musikalischen Komödie (Ul. Kirowa 17)* und stoßen auf die Spuren Lermon-

tows: Ihm zu Ehren wurde die Lermontow-Säulenhalle errichtet.

MASCHUK-BERG ⭐ 🌿

Beliebtes Ausflugsziel. Vom bewaldeten Maschuk-Berg (993 m) hat man bei gutem Wetter einen schönen Blick auf die schneebedeckten Gipfel des Elbrus (5642 m). Man kann den Gipfel zu Fuß erreichen (40 Min.), schöner ist die Fahrt mit der Seilbahn am Lenin-Felsen vorbei *(Di–So 10 bis 17 Uhr)* ab *Ul. Pastuchowa*.

◼ ESSEN & TRINKEN ◼

ART-CAFÉ TÊTE-À-TÊTE

Künstlercafé mit Süßspeisen und reicher Teekarte. *Tgl. | Ul. Kirowa 23 (1. OG)*

PETSCHORIN

Kaukasische Gerichte, Salate. *Tgl. | Ul. Kirowa 25a (im Park) | €–€€*

◼ ÜBERNACHTEN ◼

INTOURIST

Saniertes Touristenhotel mit Balkons und Parkblick. *175 Zi. | Pl. Lenina 13 | Tel./Fax 8739/39 37 73 | www.hotel-intourist.ru | €–€€*

◼ ZIEL IN DER UMGEBUNG ◼

SCHELESNOWODSK ⭐   [136 C5]

Der kleinste und malerischste der berühmten Kurorte (30 000 Ew.) liegt nahe Pjatigorsk in 650 m Höhe. Hier werden 20 Mineralquellen genutzt. Die bekanntesten Heilbäder heißen Drushba, Elbrus, Kirow, Thälmann. In den Sanatorien werden urologische Erkrankungen mit Schlammpackungen aus dem Großen Tambukan-Salzsee geheilt. Hier sprudelt die *Insider Tipp* einzige heiße Kalziumquelle der Welt.

ROSTOW-NA-DONU

[136 C4] Rostow-na-Donu (Rostow am Don) liegt am rechten Steilufer des Flusses. Michail Scholochow verhalf ihm mit seinem Roman „Der stille Don" zu Weltruhm. Die heute quirlige Stadt (1,1 Mio. Ew.) prägen zunehmend westliche Boutiquen. Das milde Klima ermöglicht Weinbau in der Region. Die über 150 Industriebetriebe haben die Natur allerdings stark belastet, vor allem das Asowsche Meer, das ca. 50 km entfernt liegt.

Die Stadt wurde 1749 als Zollstation und zum Schutz der Handelswege gegründet. Als 1761 das Zollamt zur Festung ausgebaut wurde, erhielt der Ort Stadtrechte und seinen heutigen Namen zu Ehren des Metropoliten Rostowskij. Die günstige Lage beschleunigte die Entwicklung zu einem Umschlagplatz für den Handel mit dem Süden. Kohle, Getreide, Eisenerz und Hölzer verließen den Hafen. Im Zweiten Weltkrieg erlitt Rostow unter deutscher Besatzung schwere Zerstörungen. Nach dem Krieg entstand die Stadt schachbrettartig neu.

■ SEHENSWERTES

GORKIJ-THEATER

Insider Tipp

Das 1863 gegründete Theater wurde in den 1930er-Jahren im Stil des Konstruktivismus als Schauspielhaus neu errichtet. Es hat die Form eines Traktors und zählt zu den bekanntesten Sprechbühnen Russlands. Viele Dramen Maxim Gorkijs (1868 bis 1936) wurden hier uraufgeführt. *Pl. Teatralnaja*

Qualitätskontrolle: Wochenmarkt in Rostow-na-Donu

HEIMATMUSEUM

Dokumentiert wird die Geschichte der Region: beachtenswert die Exponate aus dem 2. Jh. v. Chr. mit Kultgegenständen der Skythen, einem Reiternomadenvolk. *Di–So 10–18 Uhr | Ul. Bolschaja Sadowaja 79 | www.rostovmuseum.ru*

Ul. Moskowskaja 62 | Tel. 863/299 02 62 | €€

TINKOFF

Populäre Brauereikette, in der naturtrübes Bier zu Sushi und Steak ausgeschenkt wird. *Tgl. | Pr. Budjonnowskij 80 | Tel. 863/268 85 85 | €€*

Schiffe im Hafen von Sotschi am Schwarzen Meer

MUSEUM DER BILDENDEN KÜNSTE

Reiche Sammlung russischer Kunst vom 16. Jh. beginnend, u.a. von Ilja Repin (1844–1930) und Wassili Surikow (1848–1916) und Werke des sozialistischen Realismus. *Mi–Mo 10 bis 18 Uhr | Ul. Puschkinskaja 115*

ESSEN & TRINKEN

SIM-SIM

1001-Nacht-Interieur, zentralasiatische Küche, nettes Personal. *Tgl. |*

ÜBERNACHTEN

DON-PLAZA

Modernes Kongresshotel, internationale Küche, Bar. *240 Zi. | Ul. Bolschaja Sadowaja 115 | Tel./Fax 863/263 90 65 | www.don-plaza.ru | €€€*

TOURIST

2008 saniertes, großes Sowjethotel. *250 Zi. | Pr. Nagibina 19 | Tel. 863/238 47 46 | Fax 232 54 27 | www.amaks-hotels.ru | €€*

■ AM ABEND ■

Die alternative Indie- und Rockmusikszene der Stadt trifft sich im überschaubaren *Podsemka-Klub,* der im Keller eines sowjetischen Landmaschinenkombinats untergebracht ist *(Selmasch | Tel. 863/2707566).* Wer E-Musik mag, schlägt sich die Nacht eher im *Cuba Libre* um die Ohren *(Ul. Sozialistitscheskaja 55).*

■ ZIEL IN DER UMGEBUNG ■

DONKOSAKEN-MUSEUM ★ [136 C4]

Rund 40 km nördlich der Stadt liegt die alte Kosakensiedlung Nowotscherkassk, die 1805 Verwaltungszentrum der Donkosaken wurde. Ein 1904 errichtetes Bronzedenkmal auf dem gleichnamigen Platz ehrt den legendären Kosaken Jermak, der 1584 bei der Eroberung Sibiriens durch die Tataren fiel. Das Museum der Kosaken aus dem Jahr 1899 macht mit dem Brauchtum der seit dem ausgehenden 15. Jh. existierenden Krieger bekannt, die in der russischen Geschichte eine besondere Rolle spielten. *Di–So 10–17.30 Uhr | Ul. Atamanskaja 38*

SOTSCHI

[136 C5] ★ **Die „südliche Perle Russlands" wird Sotschi genannt. Die Stadt (400 000 Ew.) hat sich seit Anfang des letzten Jahrhunderts, als die schwefelwasserstoffhaltigen Mineralquellen wegen ihrer Heilwirkung berühmt wurden, einen internationalen Ruf erworben.** Für die Russen und ihre Nachbarn ist Sotschi mit der Region Groß-Sotschi (145 km entlang der Schwarzmeerküste) das Ferienzentrum Nummer eins: In den Kurorten Adler (hier ist

auch der Flugplatz), Asche, Chosta, Dagomys, Mamaika und Mazesta verbringen jährlich über 3 Mio. Menschen ihren Urlaub. Die Weite des Strandes und das Hinterland lassen dabei keine Enge aufkommen. Das Klima ist subtropisch geprägt. Im Sommer liegen die Temperaturen bei rund 22 Grad, am Abend weht eine kühle Brise. Gegen die Winde aus dem Norden schützt der Kaukasus. Badesaison ist Mai bis Ende Oktober. Die Kurorte empfangen aber das ganze Jahr über Gäste. Dem Wasser des Schwarzen Meeres werden Heilwirkungen zugeschrieben.

Sotschi selbst ist ein einziger Park, über 80 Prozent des Stadtgebiets sind fast das ganze Jahr über grün. Sotschi bereitet sich gemeinsam mit Krasnaja Poljana im Hinterland auf die Winterolympiade 2014 vor, seither hat ein Bauboom eingesetzt, auch die Grundstückspreise sind rapide gestiegen.

■ SEHENSWERTES ■

DENDRARIUM *Insider Tipp*

In dem botanischen Garten aus dem 19. Jh. gibt es eine einzigartige Sammlung von ca. 1600 subtropischen Gewächsen. Alleen, Springbrunnen, Teiche und Bänke laden zum Schlendern, Schauen und Ausruhen ein. *Tgl. 9–20 Uhr | Kurortnyj Pr.*

RIVIERA-PARK

Den Park erreicht man über die mit Kastanien, Zypressen, Palmen und Magnolien schön bewachsene Uferpromenade. Die „Allee der Schriftsteller" säumen Büsten klassischer und zeitgenössischer Dichter des Landes. *Am Ende der Uferpromenade*

ESSEN & TRINKEN

GORODSKOJE KAFE ▶▶

Schick: Morgens ab 7 Uhr werden Omelettes serviert, mittags Suppe und Sandwiches, abends legen angesagte DJs auf. *Tgl. | Ul. Sowjetskaja 40 | Tel. 8622/648230 | €*

SCHJOLKOWYJ PUT

Die „Seidenstraße" gleicht einer Karawanserei, gutes Schaschlik und Ayran-Joghurtgetränk. *Tgl. | Ul. Nawaginskaja 11 | Tel. 8622/608162 | €€ – €€€*

ÜBERNACHTEN

MARINS PARK HOTEL ⌇

Stilvolles Luxushotel an der Promenade, teils mit Blick aufs Meer (vor-

>LOW BUDGET

▶ Am Schwarzen Meer, z.B. in Anapa, gibt es unzählige Privatzimmer und familiäre Pensionen *(tschasnaja gostiniza)* zu fairen Preisen. Wer in der Hauptsaison weniger als drei Nächte bleibt, muss mit einem Zuschlag rechnen. Die einfachste Variante, an solch eine Übernachtung zu kommen: Taxifahrer vor Ort fragen.

▶ Wer auf jeglichen Komfort verzichtet und eine Gemeinschaftsdusche in Kauf nimmt, kann in Pjatigorsk für ca. 10 Euro pro Nacht/Person im *Hotel Pjatigorsk* absteigen. *Ul. Krajnego 43/1 | Tel. 8793/390505*

▶ Günstig Ausflüge in andere Schwarzmeer-Städte buchen: In Anapa gibt es auf der Ul. Gorkogo und Grebenskaja mehrere Anbieter (meist kleine Buden), die Schiffstouren zu sehr fairen Preisen anbieten.

mals Radisson SAS). *447 Zi. | Morskoj Per. 2 | Tel. 8622/693000 | www.parkhotel-sochi.ru | €€€*

SCHEMTSCHUSCHINA

Die „Perle" liegt direkt am Meer; Restaurants, Bars, Pool, hoteleigener Strand, Fitnesscenter, Nachtclub. *975 Zi. | Ul. Tschernomorskaja 3 | Tel. 8622/661188 | www.zhem.ru | €€*

AM ABEND

Auf der *Freilichtbühne* (Sommertheater) im Frunsepark finden in der Saison fast täglich Foklore- oder Jazzkonzerte statt. Angesagt ist die Disko ▶▶ *Bora Bora,* wo regelmäßig Schaumparties und andere Events stattfinden *(Kurortnyj gorodok, neben dem Delfinarium).*

ZIELE IN DER UMGEBUNG

BOLSCHOJ ACHUN   [136 C5]

In zwei Wanderstunden erreichen Sie, vorbei an malerischen Berghängen, die 663 m hoch gelegene Bergkuppe Bolschoj Achun. ☼ Vom Aussichtsturm genießen Sie den Blick auf das tiefblaue Schwarze Meer und den kaukasischen Hochkamm. Ein kleines Restaurant bietet kaukasische und russische Gerichte.

KRASNAJA POLJANA   [136 C5]

Der Gebirgskurort, 40 km östlich von Sotschi, liegt auf 600 m Höhe. Fahren Sie mit dem Sessellift auf die Spitze des ☼ Berges *Aibga,* dort erwartet Sie ein atemberaubender Blick auf die schneebedeckten Ausläufer des Kaukasus. Lassen Sie sich nach einer Wanderung im Spa-Center des modernen ⌇ *Radisson Peak*-Hotels mit einem Milchbad verwöhnen

(116 Zi. | Ul. Saschtschitnikow Kaw-kasa 77 | Tel. 8622/66 36 00 | www.peakhotel.ru | €€€).

MAZESTA   [136 C5]

Nach dem gleichnamigen Fluss ist dieses Heilbad 8 km südöstlich von Sotschi benannt. Die Heilkraft seines Wassers – *Mazesta* heißt auf Abcha-sisch „feuriges Wasser" – hat viele Sanatorien entstehen lassen. Die 20 bis 45 Grad warmen schwefelwasser-stoffhaltigen Quellen sind seit Jahr-hunderten bekannt und haben den Ruf Sotschis begründet.

TUAPSE   [136 C5]

Zwei Flüsschen haben dem Ort 124 km nordwestlich von Sotschi den bildhaften Namen gegeben: In der Sprache der Tscherkessen heißt *tua* zwei und *pse* sprudelndes Wasser. An den Ausläufern des Kaukasus ge-legen ist die Stadt (64 000 Ew.) be-sonders geschützt. Übernachten kön-nen Sie im vorzüglichen Hotel *Mol-nija*, „Der Blitz", im Vorort Nebug,

Holzhäuser am Hang: Tuapse an den Ausläufern des Kaukasus

das Restaurant, Bar, Pool und Tennis-plätze bietet und nur 300 m vom Strand entfernt liegt *(276 Zi. | Tel. 86167/970 34 | Fax 970 35 | www.molnia.ru | €€).*

Außerhalb von Tuapse wurde auf dem Hügel *Psynako 1* (ca. 15 km ent-fernt) erst vor wenigen Jahren ein rät-selhaftes Steingrab freigelegt, das dem heidnischen Gott der Sonne ge-widmet war. Der Dolmen soll vor 3000 Jahren einen Tempel beherbergt haben.

> WO DIE KONTINENTE VERSCHMELZEN

An der Grenze von Europa zu Asien: Bergbau, historische Stätten und viel Natur

> **Der Ural markiert die geografische Grenze zwischen Europa und Asien: Auf einer Länge von mehr als 2000 km erstreckt sich die Gebirgskette von Kasachstan im Süden bis zum Nordpolarmeer. Vom Reichtum an Bodenschätzen zeugen viele Städtenamen wie Asbest, Solikamsk („Salzstein") und Slatoust („Goldmund").**
In dem Grenzgebirge werden auch Erdöl, Erdgas, Kohle, Graphit, Marmor und Erze gefördert. Der Ural ist ein Paradies für Geologen: Hier be-

findet sich das größte Malachitvorkommen der Welt. Das sagenumwobene Gestein wurde einst der Kupferbergherrin geweiht.

Peter I. trieb die Industrialisierung der Region im 18. Jh. voran. Einen weiteren Aufschwung erlebten Industriestädte wie Nischnij Tagil oder Tscheljabinsk während des Zweiten Weltkriegs. Damals ließ Stalin aus Furcht vor der näherrückenden deutschen Wehrmacht mehr als 1000 In-

Bild: Dorf im Ural

URAL

dustrieanlagen aus der westlichen Sowjetunion in den östlichen Landesteil verlagern. Bis heute befinden sich hier die Hochburgen der russischen Rüstungs- und Kernindustrie. Uran und Plutonium wird verarbeitet, deshalb sind mehrere Städte für Ausländer gesperrt. Die Umweltsituation ist in einigen Gebieten kritisch: In Tscheljabinsk-57 ereignete sich 1957 die weltgrößte Kernreaktor-Katastrophe vor Tschernobyl. Das wahre Ausmaß wurde lange Zeit vertuscht. Der Ural ist eng mit der traurigen Geschichte der Zwangsarbeiter verbunden. An Stelle der einstigen Gulag-Lager stehen heute gesichtslose Städte wie Workuta (100000 Ew.) im unwirtlichen Nordural.

Aber die Region ist auch ein Naturparadies: Der südliche Ural wird gerne mit der Schweiz verglichen. Er lockt mit tiefen Schluchten, bizarren Felsformationen und Naturparks Aktivurlauber aus ganz Russland an. Hier gibt es gute Wandermöglichkeiten, hier kann man reiten, Kanu- und Raftingtouren unternehmen, und bis April ist auch Skiurlaub möglich.

gewesen sein, nach dem die Stadt 1924 benannt wurde. Zar Peter I. hatte Jekaterinburg 1723 am Fluss Isset gegründet. Er benannte die neue Stadt nach der Schutzheiligen der

JEKATERIN-BURG

[137 F1] **Wer mit dem Zug ankommt, steigt nicht in Jekaterinburg, sondern in Swerdlowsk aus. Bis heute haben die Russischen Eisenbahnen den sowjetischen Namen der größten Stadt im Ural (1,3 Mio. Ew.) im Fahrplan beibehalten.** Die Geschichte der Stadt ist eng mit der letzten Zarenfamilie der Romanow-Dynastie verbunden: Hier wurden Zar Nikolaus II. und seine Familie im Juli 1918 ermordet. Der Anstifter zu diesem Mord soll Jakob Swerdlow

Bergleute, die zugleich Namenspatronin seiner Frau war: Jekaterina. Heute ist die Stadt das Kultur-, Finanz- und Forschungszentrum des Ural.

■ SEHENSWERTES

BLUTSKATHEDRALE ★
Das 65 m hohe orthodoxe Gotteshaus im pseudo-byzantinischen Stil wurde am Sterbeort der letzten Zarenfamilie errichtet. Hier stand zuvor das Haus des Kaufmanns Ipatjew, in dem Zar Nikolaus II. und seine Angehörigen nach der Oktoberrevolution erschossen wurden. Nach 1924 beherbergte das Gebäude ein Revolutionsmuse-

um. 1977 wurde es auf Erlass des örtlichen Parteichefs abgerissen, der später der erste Präsident Russlands werden sollte: Boris Jelzin. Zunächst erinnerte ein Eisenkreuz an das Schicksal der Zarenfamilie. Erst 2003, zum 85. Todestag, wurde die Blutskathedrale eingeweiht. In einem Flügel befindet sich das sogenannte „Erschießungszimmer", das aus Ziegeln des Ipatjew-Hauses erbaut wurde. *Ul. Karla Liebknechta*

MUSEUM FÜR JUWELIER- UND EDELSTEINKUNST
Filigrane Schmuckstücke des 19. und 20. Jhs. *Mi–So 11–18 Uhr | Pr. Lenina 37*

MUSEUM FÜR STÄDTEBAU UND INDUSTRIALISIERUNG DES URALS
Die Ausstellung dokumentiert die industrielle Entwicklung der Region. Das Museum ist in einer ehemaligen Stahlfabrik untergebracht. *Di–Sa 10 bis 18 Uhr | Ul. Gorkogo 4A*

■ ESSEN & TRINKEN
MAMMA'S BISCUIT HOUSE
Riesige Kuchenauswahl, gute Salate, oft recht voll. Rund um die Uhr geöffnet. *Pr. Lenina 26 | Tel. 343/3710012 | €*

URALSKIJE PELMENI
Gefüllte Teigtaschen in allen Variationen: mit Fisch, Fleisch oder Pilzen. *Tgl. 12–24 Uhr | Ul. Lenina 69 | Tel. 343/350 71 50 | €*

■ ÜBERNACHTEN
BOLSCHOJ URAL
Riesiger Konstruktivismusbau aus den 1930er-Jahren, unsanierte Zimmer sind günstig, aber weit unter westlichem Standard. Lieber ein wenig mehr zahlen für modernisierte Räume. *170 Zi. | Ul. Krasnoarmejskaja 1 | Tel. 343/3506917 | Fax 3558597 | bu@ekt.ru | €–€€*

PARK INN
Zeitgemäßes Luxushotel im Zentrum, bei Geschäftsleuten beliebt. *160 Zi. | Ul. Mamina-Sibirjaka 98 | Tel. 343/2166000 | www.ekaterinburg.parkinn.com.ru | €€€*

■ ZIELE IN DER UMGEBUNG
GANINA JAMA [137 F1]
Wo einst die Leichname der letzten Zarenfamilie verbrannt wurden, steht heute das Kloster der Heiligen Märtyrer, ein schöner Holzbau mit sehenswerten Ikonen. *15 km nordwestlich | Touren organisiert Diwnyj mir | Ul. Woksalnaja 23 a | Tel. 343/*

MARCO POLO HIGHLIGHTS

★ **Blutskathedrale**
Das Gotteshaus in Jekaterinburg erinnert an den Tod des letzten Zaren (Seite 92)

★ **Eishöhle Kungur**
Unterirdische Säle, bizarre Felsformationen, klare Seen (Seite 97)

★ **Gulag-Museum Perm 36**
Beklemmendes Zeugnis stalinistischen Staatsterrors (Seite 97)

★ **Grenzstein Europa–Asien**
Bei Perwouralsk prallen die Kontinente aufeinander (Seite 94)

*2693899 | Bude vor dem Hauptein-
gang des Hauptbahnhofs*

**GRENZSTEIN
EUROPA–ASIEN** ⭐ [137 F1]

Ein Obelisk markiert die Trennlinie
zwischen Europa und Asien. An dieser Stelle lassen sich Brautpaare und
Touristen gerne fotografieren. *46 km*

golenfürst Batu Khan, der die russischen
Fürstentümer im 13. Jh. unterwarf, soll
mit den Hufen seiner Pferde an den ver-
meintlichen Magneten hängen geblieben
sein. Die industrielle Förderung der
riesigen Erzvorkommen wurde 1929
in Angriff genommen: Beim Aufbau
von Magnitka, dem größten Stahl-
werk der Sowjetunion, halfen Frei-

Ikonenwand im Kloster Ganina Jama bei Jekaterinburg

*westlich, bei Perwouralsk | Anfahrt
mit Bus, Zug oder Taxi | Touren or-
ganisiert Diwnyj mir (s. o.)*

MAGNITO-
GORSK

[137 F2] **Um Magnitogorsk (420 000 Ew.),
das „Magnetgebirge" im südlichen Ural,
ranken sich viele Legenden. Bereits Mon-**

willige aus der ganzen Welt. Auch
der junge Kommunist Erich Hone-
cker unterstützte die Utopie 1931 mit
einem mehrwöchigen Arbeitseinsatz.
Es sollte die sozialistische Stadt der
Zukunft werden, die Pläne dazu ent-
warf der Frankfurter Architekt Ernst
May. Magnitogorsk wurde Vorbild
für viele sozialistische Modellstädte
wie Eisenhüttenstadt. Einige Viertel
von Magnitogorsk wurden von

Zwangsarbeitern errichtet. Die Stadt hat kaum Sehenswürdigkeiten, aber reizvolle Natur in der Umgebung.

SEHENSWERTES

PROSPEKT METALLURGOW

Stalinistischer Zuckerbäckerstil säumt die Prachtstraße, die in eine Brücke über den Ural mündet. Von hier öffnet sich der Ausblick auf das gigantische Magnitka-Kombinat.

TYL-FRONTU ▶▶ ☼

Riesiges Heldendenkmal im Sowjetstil mit schöner Aussichtsplattform. Hier trifft sich die Jugend am Abend.

ESSEN & TRINKEN

BADEN-BADEN

Bierrestaurant, gute russische und europäische Speisen. *Tgl. | Pr. Metallurgow 7 | Tel. 3519/22 43 23 | €*

MAGNITKA

Bestes Restaurant der Stadt, gehobene russische Küche. *Tgl. | Ul. Karla Marksa 91 | Tel. 3519/37 53 13 | €€*

ÜBERNACHTEN

ASIA ⌇

Modernes Interieur. *70 Zi. | Ul. Uralskaja 6/1 | Tel. 3519/20 66 82 | www.aziahotel.ru | €€*

VALENTINO

Hotel in zentraler Lage, Restaurant. *44 Zi. | Ul. Grjasnowa 24 | Tel. 3519/ 37 67 66 | www.valentino.mgn.ru | €€*

ZIEL IN DER UMGEBUNG

ABSAKOWO   [137 F2]

Der moderne Wintersportort hat sich zu einem beliebten Skigebiet entwickelt – spätestens, seit Präsident Pu-

tin hier auf der Piste gesichtet wurde. Reiche Moskauer besitzen hier Ferienhäuser. Es gibt eine Seilbahn, ein Spaßbad und Diskos. Übernachten können Sie im *Tau-Tasch (Ul. Gornolyschnaja 33 | Tel. 3519/25 94 19 | www.tau-tash.ru | €–€€)* oder im *Absakowo-Resort (Tel./Fax 3519/ 25 93 52 | www.abzakovo.com | €–€€). 60 km nordwestlich von Magnitogorsk, Bahnstation Nowo-Absakowo*

PERM

[137 E1] **Perm (1 Mio. Ew.) ist die östlichste Großstadt Europas und ein wichtiger Verkehrsknoten auf dem Weg nach Sibirien. Die Stadt wurde 1723 als Arbeitersiedlung einer Kupfergießerei gegründet.** Zu Sowjetzeiten war sie auf Grund ihrer Rüstungsindustrie für Auslän-

>LOW BUDGET

▶ Billiger und in besserer Auswahl als im Laden gibt es Schmuck aus Malachit und anderem Gestein aus dem Ural bei den fliegenden Händlern auf dem ▶▶ *Pl. 1905. goda* in Jekaterinburg, wo sich auch viele Straßenmaler tummeln.

▶ Im Laden des Klosters *Ganina Jama* bei Jekaterinburg sollten Sie den selbstgemachten Kwas, die duftende Kekse und die Milchprodukte aus eigenem Anbau probieren – alles sehr schmackhaft und sehr günstig!

▶ Der Eintritt (inkl. Führung) ins *Magnitka-Museum* in Magnitogorsk, das die Geschichte des Kombinats und der Stadtentwicklung dokumentiert, ist kostenlos. *Ul. Puschkina 19 (2. OG) | Mo–Fr 10–16.30 Uhr*

der gesperrt. Imposant ist die Lage an der Kama, dem viertgrößten Fluss Europas (1805 km), der hier bis zu 4 km breit ist und zu schönen Spaziergängen am Ufer einlädt. Das Erdzeitalter Perm (vor 45 Mio. Jahren) wurde nach der Stadt im Ural benannt, weil man im 19. Jh. hier in einem Schacht Reste von Dinosauriern und andere Ablagerungen aus dem damals noch unbekannten Erdzeitalter gefunden hatte.

■ SEHENSWERTES ■

 GEMÄLDEGALERIE
Engel, Heilige und der leidende Christus sind die Leitmotive einer einzigartigen Sammlung von Holzskulpturen des 17.–19. Jhs. Hier sind auch Werke bekannter Maler wie Isaak Lewitan oder Ilja Repin sowie eine große Ikonensammlungen zu sehen. *Di–So 10–18 Uhr | Pr. Komsomolskij 4 | www.gallery.permonline.ru*

SCHIWAGO-HAUS
Jurjatin – so nannte Nobelpreisträger Boris Pasternak das heutige Perm in seinem Roman „Doktor Schiwago".

Er beschreibt darin ein Haus so anschaulich, dass es die Bewohner von Perm sofort wiedererkannten. Das himmelblaue Gebäude nennen die Bewohner nur das „Haus mit den Figuren". Leider kann es nur von außen besichtigt werden, da ein Institut darin untergebracht ist. *Ul. Lenina 13 A*

■ ESSEN & TRINKEN ■

NAUTILUS
Gemütliche Atmosphäre im Zentrum, russische und europäische Küche; lecker der Apfelkuchen mit Zedernkernen. *Tgl. | Ul. Lunatscharskogo 56 | Tel. 3422/12 32 26 | €*

PLANETA SUSHI/IL PATIO
Populäre Restaurantkette für japanische Küche. Im Nebenraum Pizza und Pasta. *Tgl. | Tel. 3422/37 46 19 (Sushi), 37 45 96 (Pizza) | €–€€*

■ ÜBERNACHTEN ■

AMAKS PREMIER-HOTEL 🔊
Innenausstattung von modern bis klassisch. *139 Zi. | Ul. Ordschonikidse 43 | Tel. 342/22 06 050 | Fax 21 22 323 | www.amaks-hotels.ru | €€*

> AB IN DIE BANJA!
Wenn der Frost klirrt, rettet das Badehaus

Die *Banja* ist mehr als ein Ort der Körperpflege: Im Badehaus werden Geschäfte gemacht, Probleme besprochen. Im Gegensatz zur Finnischen Sauna ist die Russische Banja nicht so trocken. Wichtigstes Ritual ist das gegenseitige Auspeitschen mit Birkenruten, um den Organismus anzukurbeln. Einen Anfänger erkennt man sofort: Er betritt die Banja ohne Wollmütze oder Filzhut. Die Kopfbedeckung schützt die Haare vor dem Austrocknen. Sauniert wird nach Geschlechtern getrennt. Ein Imbiss mit Wodka und Salzgurken rundet das Hygieneritual ab. In jedem Dorf gibt es ein Badehaus, das bei klirrender Kälte zum Treffpunkt wird. Als schönste städtische Badeanstalt des Landes gilt *Sandunowskaja Banja* in Moskau (*Ul. Neglinnaja 14 | Metro: Kusnezkij Most*).

URAL

Zentral, mit eigenem Restaurant und Sauna. *434 Zi. | Ul. Lenina 58 | Tel. 342/218 62 62 | Fax 212 92 17 | www. hotel-ural.com | €–€€*

tel in der Nähe vermietet Mountainbikes (Tel. 34271/373 77 | www.sta lagmit-hotel.com). 90 km südöstlich von Perm | Linienbus bis Kungur, von dort mit Taxi/Bus zur Höhle

Russische Kontraste in Perm: orthodoxe Kirche vor sozialistischen Einheitsblocks

AM ABEND

Das *Tschaikowskij-Ballett- und Operntheater* hat einen hervorragenden Ruf *(Ul. Kommunistitscheskaja 25 | Tel. 3422/12 54 16)*.

ZIELE IN DER UMGEBUNG
EISHÖHLE KUNGUR ⭐ [137 E1]

Die Eishöhle Kungur gehört weltweit zu den größten ihrer Art. Auf 5,6 km reihen sich 58 Säle mit bizarren Felsformationen und 60 Seen aneinander *(tgl. 10–16 Uhr)*. Das *Stalagmit Ho-*

GULAG-MUSEUM PERM-36 ⭐ [137 E1]

Das Museum für politische Repressionen dokumentiert die Geschichte des sowjetischen Gulag-Systems. Hier saßen unter Stalin Dissidenten in Gefangenschaft. Heute erinnern ein Mahnmal und ein Museum an die Repressionen des Straflagers *(Di–So 9–17 Uhr | www.perm36.ru)*. *110 km nordöstlich von Perm | mit der Bahn bis Tschussowoj, die letzten 10 km bis zur Siedlung Kutschino mit dem Taxi*

> 100 KILOMETER SIND KEINE ENTFERNUNG

Unberührte Taiga und gigantische Städte ergeben einen
widersprüchlichen Reiz

> Sibirien und den Fernen Osten erschlie-
ßen sich Reisende aus Europa am besten
von Irkutsk aus. Vom Moskauer Inlands-
flughafen Domodedowo aus erreicht man
die 4750 km entfernte Stadt mit dem Flugzeug nach sechs Stunden – über fünf Zeitzonen hinweg der Sonne entgegen.

Mit der Transsibirischen Eisenbahn
müssen Sie sich auf eine kleine Weltreise einlassen. Vom Jaroslawler
Bahnhof in Moskau aus fährt der Zug
nach 87 Stunden bzw. 5191 km im

Irkutsker Bahnhof ein. Sibirien, das
Gebiet zwischen Ural und Pazifik –
tatarisch „schlafendes Land" – blieb
lange unberührt. Auch heute noch
gibt es viele Flecken, die kein
Mensch je betreten hat. Tataren, Bur-
jaten, Jakuten und Tungusen lebten
auf dem riesigen Territorium, bis die
Russen begannen, den „steinernen
Gürtel", die Weiten hinter dem Ural,
zu erkunden, und nach Osten vor-
drangen. Ein Häuflein Kosaken unter

Bild: winterliches Dorf in Sibirien

SIBIRIEN & DER FERNE OSTEN

Führung des Hauptmanns Jermak Timofejewitsch gilt als eigentlicher Eroberer Sibiriens. Das war 1581. Die Reichtümer der Taiga, allen voran die Pelztiere, lockten die Kosaken an.

Nach den Kosaken kamen die zaristischen Woiwoden (oberste Beamte) und Lehnsleute, zwangen die Völkerschaften zu Abgaben, errichteten Siedlungen an den Flussläufen und gründeten Zarendörfer, in denen sich Russen niederließen. „Ab nach Sibi-

rien" wurde schon Ende des 16. Jhs. zu einem festen Begriff. Politische Gegner des Zarenregimes wurden hierher in die Verbannung geschickt. Jahrhundertelang waren mit dem Ruf „Ab nach Sibirien" Massendeportationen verbunden: Adelige des Dezemberaufstands von 1825 (Dekabristen), Schriftsteller, Sozialrevolutionäre, Bolschewiki. Wegen seiner Weite und Unwegsamkeit kam Sibirien einem Gefängnis gleich. An Eisenbahnknotenpunkten entstanden Haftanstalten, um 1900 zählte man 287 000 Staatsverbrecher. Vor allem im Zuge der Zwangskollektivierung und Stalins „Säuberungsaktionen" wurden Millionen politischer Gegner in die Arbeitslager geschickt, viele kamen dort um.

Sibirien bedeutet aber auch ursprüngliche Natur mit unermessli-

bensgefühl in Sibirien beschreibt ein altes Sprichwort: „100 Rubel sind kein Geld, 100 Jahre kein Alter und 100 Kilometer keine Entfernung."

CHABAROWSK

[142 B5] Die Stadt (580 000 Ew.) dehnt sich über eine Länge von 50 km am rechten Ufer des Amur aus. 1858 als militäri-

Kutschfahrt im kurzen Sommer: Familienleben in Sibirien

chen Reichtümern: Gold, Zinn, Uran, Öl. Sibirien, das ist eine Landmasse von 12,8 Mio. km^2 mit nur 30 Mio. Bewohnern. Zum Vergleich: In Europa leben auf 10,5 Mio. km^2 740 Mio. Menschen. Die Ost-West-Ausdehnung vom Ural bis zum Pazifik misst über 7000 km, und von Nord nach Süd – vom Nordpolarmeer bis Zentralasien – über 3500 km. Das Le-

scher Vorposten angelegt und später zum Verkehrsknotenpunkt ausgebaut, ist Chabarowsk heute ein Transitzentrum zwischen Europa und Mittelasien bzw. China und Japan. Die neue Hauptstadt des Fernen Ostens liegt gerade 22 km von der chinesischen Grenze entfernt und ist nach dem russischen Forschungsreisenden Jerofej Chabarow benannt, der Mitte des 17. Jhs. hier ankam. Mit dem Flugzeug erreichen Sie Chabarowsk von Moskau aus in ca. 8 Stunden Flugzeit (6980 km).

▮ SEHENSWERTES

DENDRARIUM

12 ha große Parkanlage mit mehr als 1000 Arten sibirischer Pflanzen – leider ziemlich vernachlässigt. ☀ Die Aussichtsplattform bietet jedoch einen schönen Blick auf den Amur. *Ul. Wolotschajewskaja 71*

HEIMATKUNDEMUSEUM

Das 1894 gegründete Museum dokumentiert Geschichte und Kultgegenstände der Korjaken, Ewenken und anderer kleiner Völker. Sehenswert ist das Knochengerüst der Stellerschen Seekuh. ☀ Von hier aus haben Sie eine prächtige Aussicht auf den Zusammenfluss von Amur und Ussurij. *Di–So 10–17.30 Uhr | Ul. Schewtschenko 11 | www.museum.ru/xkm/english.htm*

▮ ESSEN & TRINKEN

CHOCOLATE ▶▶ 🔊

Angesagter Szenetreff für Freunde von Snacks und Desserts. *Tgl. | Ul.*

Turgenjewskaja 74 | Tel. 4212/420097 | €

UTJOS ☀

Zum Essen gibt's einen prima Ausblick auf die Sonnenuntergänge am Amur; russische, europäische, japanische Küche. *Tgl. 24 Std. geöffnet | Ul. Schewtschenko 15 | €€*

▮ ÜBERNACHTEN

INTOURIST

Mittelklassehotel im Zentrum, Restaurants, Bars. *283 Zi. | Amurskij Bul. 2 | Tel. 4212/312313 | Fax 326507 | €€*

PARUS

Historischer Backsteinbau im Park, beliebt bei Geschäftsleuten, gutes Restaurant. *82 Zi. | Ul. Schewtschenko 5 | Tel. 4212/327270 | Fax 260070 | guest@parus.vic.ru | €€–€€€*

▮ AM ABEND

Ein tolles Erlebnis ist eine ==Schifffahrt== **Insider Tipp** ==auf dem Amur mit Borddisko== *(Abfahrt immer zur vollen Stunde am Flusshafen, kein Vorverkauf)*. Weitergetanzt wird im ▶▶ *Hospital-Lounge-club*, in dem auch schon DJs aus

MARCO POLO HIGHLIGHTS

★ **Wladiwostok**
Attraktive Hanglage am Pazifikhafen (Seite 106)

★ **Heimatmuseum**
Das Museum in Irkutsk hilft Ihnen, die Region zu verstehen (Seite 102)

★ **Freilichtmuseum Talzy**
Die ideale Kulisse für historische Filme (Seite 104)

★ **Bahnhof Nowosibirsk**
Der größte Bahnhof Russlands: ein Treffpunkt vieler Nationalitäten (Seite 105)

★ **Baikalsee**
Das „heilige Meer", ein See der Superlative (Seite 104)

★ **Olchon-Insel**
Die Insel im Baikalsee lockt Abenteurer und Ruhe Suchende (Seite 104)

Deutschland aufgelegt haben *(Ul. Murawjewa-Amurskogo 3B)*. Auch ohne Sprachkenntnisse interessant ist das Pantomimentheater *Triada (Ul. Lenina 27 | Tel. 4212/313181 | http://triada-theatre.ru)*.

IRKUTSK

[140 C6] Die Stadt (590000 Ew.) gilt als Hauptstadt Ostsibiriens. Irkutsk präsentiert sich heute als Zentrum für Industrie, Wissenschaft und Kultur. Die Stadt liegt an der Mündung des Flüsschens Iskut sowie an der Angara und ist nur 65 km vom Baikalsee entfernt. 1661 wurde an dieser geografisch günstigen Stelle eine Kosakenfestung errichtet – guter Boden für Ackerbau, ausreichend Wasser und reiche Jagdgebiete lockten. Rasch entwickelte sich der Handel mit China und der Mongolei. Die begehrten Zobelfelle wurden in Wladimir und Moskau gern getragen.

Heute geht der Export von Irkutsk aus zu den Versteigerungen in St. Petersburg und London. 1886 erhielt Irkutsk Stadtrechte. Der Ort hatte berühmte Jahrmärkte, wo sich russische und ausländische Kaufleute trafen. Durch den Bau der Transsibirischen Eisenbahn erlebte er einen weiteren Aufschwung. Im „Paris Sibiriens" sind viele Gebäude aus der Blütezeit erhalten, u.a. die Residenz des Goldhändlers Wtorow (19. Jh.).

■ SEHENSWERTES ■

DEKABRISTEN-MUSEUM

Inside Tipp

Das Museum ist im Haus von Sergej Trubezkoi, einem der Führer des Adelsaufstands vom Dezember (russ. *dekabr*) 1825 untergebracht. Zu sehen ist eine Sammlung von Aufsätzen und Briefen der Männer, die nach der Niederschlagung des Aufstands lebenslänglich verbannt worden waren. *Di–So 10–18 Uhr | Ul. Dserschinskogo 64*

ERLÖSERKIRCHE

Die 1706 errichtete Barockkirche mit Glockenturm ist noch Museum mit wechselnden Ausstellungen. Bemerkenswert ein Triptychon über die Christianisierung der burjatischen Ureinwohner. *Mi–So 10–18 Uhr | Ul. Suche Batora 2*

HEIMATMUSEUM ★

In dem im maurischen Stil errichteten Gebäude wurde 1782 das erste Museum Sibiriens eröffnet. Hier werden frühgeschichtliche Exponate gezeigt. Man erfährt auch von den ersten Reisenden, die das Land erschlossen. *Di–So 10–18 Uhr | Ul. Karla Marksa 2*

>LOW BUDGET

> Günstig frühstücken (ab 2 Euro) kann man in Nowosibirsk in der sibirischen Kaffeehauskette *Traveller coffee;* an mehreren Standorten in der Stadt, z.B. *Krasnyj Pr. 17* bzw. *86* bzw. *159* oder *Ul. Lenina 6* | www.travelerscoffee.ru

> Eine einfache Backpackerunterkunft, die mit deutscher Unterstützung aufgebaut wurde, ist das ▶▶ *Baikal-Hostel* in Irkutsk. Tagsüber kostenlose Abholung ab Flughafen oder Bahnhof! *2 Mehrbettzimmer | Ul. Lermontowa 136 | Wohnung 1 | Tel. 3952/940798 | www.baikal hostels.ru*

Insider Tipp

KREUZKIRCHE
Zwei Zwiebeltürme zieren den Bau aus dem 18. Jh. Hier finden wieder regelmäßig Gottesdienste statt. *Ecke Ul. Sedowa und Ul. Timirjasewa*

KUNSTMUSEUM
Umfangreichste Gemäldesammlung in Sibirien, vor allem russische Kunst des 18./19. Jhs., u.a. Repin, Wasnezow. *Tgl. 10–18 Uhr, Di geschl. | Ul. Lenina 5 | www.museum.irk.ru/homeengl.htm*

WEISSES HAUS
Die ehemalige Residenz des Generalgouverneurs, im 18. Jh. im Empirestil errichtet, beherbergt heute die Stadt- und Universitätsbibliothek mit 3 Mio. Bänden und Manuskripten. Hier befindet sich auch ein Teil des *Historischen Museums. Tgl. 10–18 Uhr | Ul. Gagarina 24*

■ ESSEN & TRINKEN ■
BIER HAUS 🔊
Eisbein und russische Küche in zünftiger Atmosphäre. *Tgl. | Ul. Grjasnowa 1 | Tel. 3952/55 05 55 | €€*

KYOTO ▶▶
Angesagtester Japaner der Stadt, sehr gute Qualität, europäisches Frühstück ab 10 Uhr. Hier trifft man neureiche Russen! *Tgl. | Ul. Karla Marksa 15 a | Tel. 3952/55 05 05 | €€€*

■ EINKAUFEN ■
ZENTRALER MARKT
Insider Tipp Kosten Sie doch mal typischen Baikalfisch: Der Omul schmeckt geräuchert am besten. Köstlich ist auch Steinkleehonig vom Imker. *Ul. Dserschinskogo*

■ ÜBERNACHTEN ■
BAIKAL BISNES CENTR 🔊
1997 gebaut, westlicher Standard, guter Service. *59 Zi. | Ul. Baikalskaja 279 | Tel. 3952/25 91 03 | Fax 35 83 83 | www.bbc.ru | €€€*

Das Innere der Kreuzkirche von Irkutsk

EUROPE
Modernes Stadthotel mit Fitnessclub und europäischer Küche. *70 Zi. | Ul. Baikalskaja 69 | Tel. 3952/29 15 15 | Fax 20 96 96 | www.europehotel.ru | €€*

■ AM ABEND ■

Im *Ochloptow*-Theater kann man russische Klassiker sehen *(Ul. Karla Marksa 14 | Tel. 3952/20 04 78)*. In der *Philharmonie (Ul. Dserschinskogo 2 | Tel. 3952/24 11 00)* gibt es gute Konzerte. Angesagt: Im *Object 01* wird abgetanzt, auch Konzerte *(Ul. Baikalskaja 241a)*.

■ ZIELE IN DER UMGEBUNG ■

BAIKALSEE ⭐   [140–141 C–D 5–6]

Der Baikalsee, die „Perle Sibiriens", zeigt seine Schönheiten zu jeder Jahreszeit. Die Sibirier nennen ihn das „heilige Meer". Seine Ausmaße sind gigantisch, viele geografische Besonderheiten zeichnen ihn aus: Er ist mit 1624 m der tiefste See der Erde; er enthält ein Fünftel der Süßwasserreserven der Welt; sein Wasserinhalt übertrifft den der Ostsee; er nimmt von der Fläche her die Größe Belgiens ein; über 300 Flüsse münden hier.

Eine gute Straße führt von Irkutsk nach *Listwijanka* (65 km), einer Siedlung von Fischern und Bootsbauern am Baikalsee. Listwijanka, die „Pforte zum Baikal", liegt an der Angara, dem gewaltigen, einzigen Abfluss vom Baikalsee, der an dieser Stelle (schon) eine Breite von 860 m hat. Im Sommer kann man mit einem Tragflügelboot auf der Angara anreisen.

Insider Tipp Wer nach Listwijanka kommt, besucht auch das *Limnologische Institut.* Dessen Mitarbeiter beschäftigen sich seit über 50 Jahren wissenschaftlich mit dem Baikalsee. Das *Museum* im Erdgeschoss platzt aus allen Nähten. Die große Vielfalt von Flora und Fauna wird hier sichtbar *(tgl. 9–17, im Sommer bis 19 Uhr | Ul. Akademitscheskaja 1)*.

FREILICHTMUSEUM TALZY ⭐   [140 C6]

Als zu Sowjetzeiten die gewaltigen Bratsker und Ust-Ilimsker Staudämme errichtet wurden, versanken ganze Dörfer im Wasser. Einige Kirchen, Bauernhäuser und Wehrtürme wurden gerettet und hier, 47 km von Irkutsk entfernt, am Uferabhang der Angara originalgetreu wieder aufgebaut. So entstand ein sibirisches Dorf mit allem Zubehör in der Holzarchitektur des 18./19. Jhs. aufs Neue. Ein Prunkstück ist die mit Holzornamenten verzierte Kasaner Holzkapelle aus Nischni-Ilimsk, einst ohne einen einzigen Nagel errichtet. Manch historischer Film wurde hier schon gedreht. *Tgl. 10–17 Uhr | http://talci.ru*

OLCHON-INSEL ⭐   [140 C5]

Eine der schönsten Gegenden der Welt. Hauptattraktion ist die Schamanenhöhle; bei Chuschir ragt der Schamanenfelsen aus dem Wasser. Alljährlich im Juni versammeln sich Wunderheiler aus ganz Sibirien an diesen mystischen Stätten. Die meisten Einwohner sind Burjaten. In Deutschland wurde Olchon durch die ZDF-Reality-Serie „Sternenflüstern" berühmt. Der bekannteste Bewohner ist wohl Nikita Bentscharow. Er vermietet Zimmer, Holzhütten und Übernachtungen in Jurten. Durch die Organisation von Touren vergibt er viele Aufträge an die lokale Bevölkerung *(Ul. Kirpitschnaja 8, Chuschir | Tel. 914/895 78 65 | www.olkhon.info)*.

NOWOSIBIRSK

[139 E5] Nowosibirsk ist eine junge Stadt. Der Ort entstand, als für die Transsibirische Eisenbahn 1893 eine Brücke über den

Fluss Ob gebaut wurde. Bis 1924 hieß die Stadt Nowonikolajewsk – nach dem letzten Zaren. Seit Beginn des 20. Jhs. entwickelte sich der Ort zu einem Industrie- und Handelszentrum mit

Form einer riesigen Lokomotive. Ein Knotenpunkt für Reisende, die mit der Transsibirischen oder der Turkestan-Sibirischen Eisenbahn unterwegs sind. *Woksalnaja Magistral*

Eine Ringelrobbe taucht unter die Eisdecke des Baikalsees

heute 1,4 Mio. Einwohnern. Nowosibirsk ist ein Beispiel für die monumentale Stadtgestaltung mit breiten Straßen und riesigen Plätzen: Die Hauptstraße, der Krasnyj-Prospekt, ist 10 km lang. Hier steht auch das mit 65 000 m² Nutzfläche größte Opernhaus Eurasiens. Nowosibirsk gilt als das industrielle, wissenschaftliche und kulturelle Zentrum Sibiriens.

■ SEHENSWERTES ■

BAHNHOF ★ ⌇
Der Bahnhof (1930–41) ist der größte seiner Art in Russland und hat die

GEMÄLDEGALERIE
Sammlung russischer Malerei des 19. Jhs. 60 Gemälde des Malers Nikolaj Roerich (1874–1947). *Tgl. 11 bis 19 Uhr, Mo geschl. | Pr. Krasnyj 5*

HEIMATMUSEUM
Historische und ethnografische Entwicklung Westsibiriens sowie Flora und Fauna. Höhepunkt: das vollständig erhaltene *Skelett eines Mammuts,* das 1939 gefunden wurde. Das Tier soll vor 20 000 Jahren in der Region gelebt haben. *Mi–So 10–18 Uhr | Pr. Krasnyj 23*

■ ESSEN & TRINKEN ■

ALADDIN
Arabische, usbekische und internationale Küche in 1001-Nacht-Ambiente, mit Bauchtanz-Shows. *Tgl. | Ul. Romanowa 28 | Tel. 383/2225233 | €€–€€€*

TIFLIS
Georgische Küche in rustikaler Atmosphäre, oft Livemusik. *Tgl. | Ul. Sowjetskaja 65 | Tel. 383/2228181 | €€–€€€*

■ ÜBERNACHTEN ■

DELUXE 🔊
Geschmackvoll eingerichtete, geräumige Zimmer. *6 Zi. | Ul. Lenina 11 (3. OG) | Tel. 383/2187790 | Fax 2187658 | www.hoteldeluxe.ru | €€€*

SIBIR 🔊
Saniertes, großes Sowjethotel mit 14 Etagen und mehreren Restaurants. *258 Zi. | Ul. Lenina 21 | Tel. 3832/231215 | Fax 238766 | www.gk-sibir. sibnet.ru | €€*

■ AM ABEND ■
Die *Staatliche Philharmonie* kündigt ihre Konzerte auch auf Englisch an *(www.philharmonia-nsk.ru)*. Im *New ▶▶ York Times* werden rund um die Uhr Bier und Hamburger zu Rock- und Jazzmusik serviert *(Ul. Lenina 12)*, das *▶▶ Rock City* gilt ebenfalls als angesagter Spot *(Krasnyj Pr. 37)*.

WLADI-WOSTOK
[142 A–B6] ★ Wladiwostok (592000 Ew.), wörtlich „Beherrsche den Osten",

wird oft mit dem kalifornischen San Francisco verglichen. Die malerische Lage an den Berghängen des Pazifik macht die 1860 gegründete Festung so attraktiv. Der Hafen liegt an einem Fjord mitten in der Stadt. Bekannt ist Wladiwostok als Endpunkt der Transsibirischen Eisenbahn (9296 km ab Moskau). Der 1985 verstorbene Schauspieler Yul Brynner wurde 1915 hier geboren *(Ul. Aleutskaja 15)*, eine der führenden russischen Rockbands, *Mummyj Troll*, stammt von hier. Bis 1991 war Wladiwostok als Hauptstützpunkt der Pazifikflotte für Ausländer gesperrt. Heute prägen japanische Autos und asiatische Restaurants das Bild der Stadt, die nur 100 km von China entfernt liegt. Südlich von Wladiwostok leben noch Tiger in freier Wildbahn.

■ SEHENSWERTES ■

FESTUNG ✧
Die einst sicherste Festung der Welt wurde nach 40-jähriger Bauzeit Ende des 19. Jhs. fertiggestellt. Sie bietet einen herrlichen Ausblick. *Tgl. 10 bis 18 Uhr | Ul. Batarejnaja 4A | www. vlad-fort.ru*

HEIMATMUSEUM
Natur und die Geschichte des Fernen Ostens. Das 1890 eröffnete Museum zeigt auch zwei ausgestopfte Sibirische Tiger. *Tgl. 10.30–17.30 Uhr | Ul. Swetlanskaja 20*

OZEANARIUM
In dem Riesenaquarium wird das vielfältige Unterwasserleben des Japanischen Meeres live dokumentiert. *Mo 11–18, Di–So 10–18 Uhr | Ul. Batarejnaja 4*

U-BOOT-MUSEUM

Das sowjetische U-Boot C-56, das im Zweiten Weltkrieg zehn feindliche Schiffe versenkte, ist seit 1975 als Museum zu besichtigen. *Mi–So 10–17.45 Uhr | Korabelnaja Nab.*

■ ESSEN & TRINKEN ■

BRAUHAUS HANS

Anlaufstelle für deutschsprachige Touristen: Neben leckerem Bier gibt's Tipps und Kartenmaterial. *Tgl. | Ul. Admirala Fokina 25 A | Tel. 4232/40 68 75 | €*

PORTO-FRANKO

Russische Küche in drei originellen Räumen: Einem historischen Schiff, einer alten Stadt und einer Bühne. Fr/Sa Showprogramm mit Eintritt. *Tgl. | Ul. Swetlanskaja 13 | Tel. 4232/ 41 42 68 | €€ – €€€*

■ EINKAUFEN ■

KAUFHAUS GUM

Der bis heute größte und schönste Einkaufstempel der Stadt wurde im Jugendstil erbaut. 1864 gründeten zwei Hamburger Kaufleute das Warenhaus. *Ul. Swetlanskaja 35*

■ ÜBERNACHTEN ■

HYUNDAI

Bestes Haus am Ort: modern, sauber, zentral, koreanisches Restaurant. Toller Blick aus der ▶▶ ☀ *Sky Bar* im 12. Stock. *155 Zi. | Ul. Semjonowskaja 29 | Tel. 4232/40 22 33 | Fax 40 70 08 | www.hotelhyundai.ru | €€€*

VERSAILLES

Elegant, zentral; Restaurant, Bar, Kasino. *42 Zi. | Ul. Swetlanskaja 10 | Tel. 4232/26 42 01 | Fax 26 51 24 | www.versailles.vl.ru | €€€*

Hafenbucht von Wladiwostok, der Metropole des Ostens

> NICHT EINMAL EIN VOGEL WEISS, WO DIE TAIGA ENDET

Auf einem Flussdampfer oder im Zug quer durch Russland

Die Touren sind auf dem hinteren Umschlag und im Reiseatlas grün markiert

1 AUF DEM JENISSEJ BIS ZUM EISMEER

Vom Deck eines Schiffes auf der Wolga, der Lena oder der Newa zeigt sich der Zauber dieses weiten, unübersehbaren Landes auf ganz besondere Art und Weise. Reisebüros bieten unterschiedliche Touren an, die meist zwischen 12 und 14 Tagen dauern. Eine besonders attraktive Tour ist eine Fahrt auf dem Jenissej durch die Taiga und Tundra Sibiriens, die

fast bis ans Eismeer führt. Noch vor wenigen Jahren war diese Region für den Tourismus unzugänglich. In den Jahren der Sowjetmacht bargen hier in zahlreichen Arbeitslagern Menschen unter härtesten Bedingungen Gold und andere Bodenschätze. Ganz in der Nähe lagen wichtige Atomkraftwerke.

Heute bringt Sie eines der komfortabelsten Flussschiffe, die „Anton Tschechow", über den mächtigen Strom. Sie wurde nach modernsten Gesichtspunkten in

Bild: Kreuzfahrtschiff auf der Wolga

AUSFLÜGE & TOUREN

Österreich gebaut und verfügt nur über Außenkabinen mit Dusche, WC und Klimaanlage. Außerdem steht ein Hallenbad mit Sauna zur Verfügung. Eine Reise auf dem Jenissej können Sie nur in der Navigationsperiode – zwischen Juni und September – buchen. Pro Person kostet die Tour rund 1500 Euro, inklusive Flug, Kabine, allen Mahlzeiten und Stadtführungen. Von Deutschland aus fliegen Sie nach Moskau und von dort noch einmal ca. 4,5 Stunden nach Krasnojarsk.

Krasnojarsk – 1628 am Jenissej gegründet – ist eine der letzten russischen Städte, die sich für ausländische Touristen geöffnet hat. Bemerkenswert sind die *Pokrowskij-Kirche (Ecke Pr. Mira, Ul. Surikowa),* und der Museumsdampfer *St. Nikolai* am Jenissejufer. Mit diesem Schiff soll Lenin ins Exil nach Minussinsk/ Schuschenskoje gebracht worden sein. Krasnojarsk ist eine Industriestadt (etwa 900 000 Ew.), die am

Stadtrand eine riesige *Staumauer* mit

Insider Tipp dem ==größten *Schiffshebewerk* der Welt== zu bieten hat. Nach einer Stadtrundfahrt beginnt dann auf der „Anton Tschechow" die Faszination Jenissej, der sich 3487 km durch Sibirien schlängelt – auf mehr als 2000 km davon können Sie mit dabei sein. Die Zahl der Landgänge variiert von Anbieter zu Anbieter. Angelaufen werden meist folgende Städte:

Mit seinen hübschen sibirischen Holzhäuschen strahlt das Städtchen – ein *Ostrog* wie die ersten Flusssiedlungen genannt wurden – **Jenisseijsk** (22 000 Ew.), dem der große Strom seinen Namen gab, viel Atmosphäre

Insider Tipp aus. Sehenswert ist eine ==Festungssiedlung,== die 1618 von Kosaken gegründet wurde.

In **Worogowo** haben Sie den Eindruck, hier sei die Zeit stehen geblieben. Sie befinden sich in einer uralten sibirischen Kosakensiedlung, und im *Heimatmuseum* erfahren Sie interessante Einzelheiten über das Leben der Kosaken zur Zeit der Besiedlung am Jenissej. Ab Worogowo befahren Sie dann einen der schönsten Flussabschnitte. Am Ort **Schekje** vorbei erreichen Sie gegen Abend **Kosma**. Hier atmen Sie Taigaluft pur. Vielleicht erspähen Sie sogar Bären, Füchse oder andere Taigabewohner. Auf jeden Fall sollten Sie in einem Restaurant am Ufer die landestypische Fischsuppe *(Ucha)* probieren.

Ein besonderes Erlebnis erwartet Sie bei **Kureijka**: Sie überqueren den Polarkreis, und das wird an Bord mit einem zünftigen „Neptunfest" gefeiert.

In **Igarka** (10 000 Ew.) befindet sich das *Institut für Bodenkunde*. Sie erfahren dort einiges über die Probleme des Lebens auf ewig gefrorenem Eisboden.

Sie nähern sich nun immer mehr dem Eismeer und begrüßen **Dudinka**, wo neben den Russen Ewenken, Dolganen und Nenzen leben. 1667 von pomorischen Jägern gegründet, ist Dudinka heute eine gut ausgebaute Stadt (27 000 Ew.) mit einem großen Fluss- und Seehafen. In einem Museum können Sie sich über die Völker des Nordens informieren, und ein Folkloreprogramm macht Sie mit der Kultur eines dieser Völker vertraut.

Letzte Station ist der Ort **Ust Port**, der 40 Wochen im Jahr Winterschlaf hält. Wenn Sie ankommen, ist er voll da, zeigt die spröden Schönheiten der unberührten Natur, seine Sümpfe und Teiche, riesige, gut geschützte Lebensräume. Von **Norilsk** fliegen Sie dann nach Moskau zurück.

2 MIT DER TRANSSIB NACH IRKUTSK

★ **Ein Erlebnis der besonderen Art ist eine Fahrt mit der Transsibirischen Eisenbahn. Noch immer gehört sie zu den Reiseklassikern, und vor allem bei jungen Leuten steht dieser Abenteuertrip hoch im Kurs. Das Leben und Treiben auf der Strecke – russischer Alltag pur – muss man erlebt und die Landschaft in ihrer endlosen Weite genossen haben. Die Reise auf dieser längsten Eisenbahnstrecke der Welt – für die 9296 km von Moskau bis Wladiwostok braucht der Zug 158 Stunden – steht nach wie vor im Guinness-Buch der Rekorde. 360 Großstädte, Städte, Dörfer und Siedlungen werden „überrollt". Als Vorschlag für einen besonders attraktiven Abschnitt wird im Fol-**

genden die Teilstrecke von Nowosibirsk nach Irkutsk beschrieben. Es ist eine Fahrt über 1848 km mit einer Reisedauer von 31 Stunden.

Nach der Übernachtung in Nowosibirsk *(S. 104)* treten Sie Ihre Reise am Hauptbahnhof *(Woksalnij Magistral)* an. Ihr Zug fährt um 19.57 Uhr ab – allerdings Moskauer Zeit, denn auf

2. Klasse, d.h. Abteile mit zwei oder vier Betten (keine Trennung nach Geschlecht). Es gibt aber nur wenige 1.-Klasse-Abteile, der Platz in den Vierbettabteilen ist auch ausreichend, wenngleich etwas beengt. Die Bettlänge beträgt 1,75 m, die Breite 65 cm. Entsprechend der Klasse hat ein Wagen entweder 18 oder 36

Mit rustikaler Technik quer durchs Land: Lok der „Transsib"

der gesamten Strecke gilt Moskauer Zeit, und das heißt bei einem Zeitunterschied von drei Stunden, es ist in Nowosibirsk bereits 22.57 Uhr.

Der Zug ist ein ganz normaler russischer Zug und nicht speziell für Touristen ausgerüstet; er dient als Beförderungs- und Transportmittel von Tante, Onkel und Babuschka mit auffallend viel Gepäck auf dem Weg gen Osten. Es gibt Wagen der 1. und

Schlafplätze. Reiseveranstalter buchen meist einen ganzen Wagen.

Zu Beginn lernen Sie gleich die *Prowodniza,* die Zugbegleiterin, kennen, die Sie auf dieser Teilstrecke betreut. Für Fragen und Wünsche ist sie zuständig, sie sorgt für saubere Bettwäsche und heißen Tee. Zu Beginn prüft sie Ihre Fahrkarte so genau wie die Beamten Ihren Pass bei der Einreise nach Russland. Der dunkelgrüne Zug startet pünktlich. Pünktlichkeit wird auf dieser Strecke groß geschrieben. Sie können an dem Fahrplan, der in jedem Wagen aushängt, immer genau verfolgen, wann Sie wo ankommen werden und wann die Weiterreise erfolgt. Ein Gang durch den Wagen macht Sie mit den

Extras bekannt: An der Einstiegsseite (immer vorn) entdecken Sie einen mit Holz und Steinkohle beheizten Ofen, daneben den heißes Wasser spendenden Boiler, im Korridor gibt es Steckdosen (120 und 240 Volt), Radioschalter, Klappstühle und im hinteren Fond die Raucherecke. Ebenfalls am hinteren Ende des Wagens befindet sich jeweils der Toiletten- und Waschraum. Die sanitären Anlagen entsprechen russischem Niveau, und das ist nach westeuropäischen Maßstäben eher primitiv. Die Toiletten werden aber mindestens einmal am Tag gereinigt und desinfiziert. Das Wasser zum Waschen ist kalt, warmes müssen Sie aus dem Boiler holen. Toilettenpapier ist rar, auch Seife gibt es nur in Ausnahmefällen.

Wenn Sie allein reisen und Lust haben, für kurze Zeit russisches Leben pur zu erleben, dann sollten Sie sich das Abteil mit Russen teilen. Diese richten sich ganz schnell häuslich ein und bringen meist auch ihre Pantoffeln mit: Aus den Koffern und Pappkartons werden mitgebrachte frische Äpfel und nach Knoblauch riechendes, eingelegtes Gemüse auf die Fensterbank gelegt. Und ehe Sie sich versehen, sind Sie zu einem Begrüßungsgläschen eingeladen.

Die Fahrtgeschwindigkeit beträgt selten mehr als 80 km/h. So bleibt genug Zeit, die Landschaft zu betrachten – Dörfer und Städte, die typischen russischen Holzhäuschen in Grün und Blau mit Holzornamenten. Antennenanlagen ragen wie Kreuze an schief stehenden Kiefernstangen in den Himmel. Punkt 23.48 Uhr (immer Moskauer Zeit) erreichen Sie

Taiga (26 000 Ew.), eine Stadt, die in der Aufbauphase der Transsib errichtet wurde. Zweieinhalb Stunden später haben Sie in Mariinsk einen Aufenthalt von 23 Minuten. Die Einheimischen sorgen für Nachschub an Essen und Trinken für den kommenden Tag. Als Ausländer, der sich nicht so gut auskennt, bleibt man besser im wärmenden Bett. Das gilt auch für die nächsten Stationen Bogotol und Atschinsk.

Krasnojarsk erreichen Sie um 8.34 Uhr (Ortszeit 12.34 Uhr) mit 20 Minuten Aufenthalt, die Sie nutzen können, um sich die Beine zu vertreten und Pelmeni (Teigtaschen), Räucherfisch oder eine Kohlsuppe von den Babuschkas (älteren Frauen) auf dem Bahnsteig zu kaufen. Am Kiosk gibt's Zigaretten und Süßigkeiten. Aber entfernen Sie sich nicht zu weit vom Zug, der fährt pünktlich – auch ohne Sie – weiter. Nach dem kurzen Ausflug ins Bahnsteiggewühl haben Sie wieder Muße zum Schauen. Anton Tschechow beschrieb die Faszination der Taiga einmal so: „Die Eindruckskraft und der Zauber der Taiga liegt nicht in ihren Baumriesen und ihrer feierlichen Stille, sondern darin, dass nicht einmal ein Vogel, der über sie hinwegfliegt, weiß, wo sie endet."

Beim Eisenbahnknotenpunkt Taischet (Transsib, Baikal–Amur–Magistrale und die Verbindung Krasnojarsk–Nowosibirsk über Abakan) ist die Nachmittagsstunde erreicht. Vielleicht machen Sie jetzt einen kleinen Ausflug in den Speisewagen. Hier kann man von 9 bis 21 Uhr (es gilt die Ortszeit) etwas essen. Das Angebot ist klein – Brot, Gulasch, gegrilltes Huhn, Salate, Gurken, Tomaten (grün eingelegt oder rot) –, aber sehr preiswert. Der Speisewagen ist gleichzeitig das soziale und kommunikative Zentrum für die Verbündeten auf Zeit. In dem rollenden Restaurant werden dauerhafte Freundschaften geschlossen.

Nach Nischneudinsk (18.56 Uhr, 23 Minuten Aufenthalt) erreichen Sie schließlich Sima (22.43 Uhr). Der Ort (wörtlich „Winter") wurde 1898 als eine Baustelle bei Errichtung der Transsib in der Nähe des gleichnamigen kalten Flusses gegründet. Hier haben Sie 25 Minuten Aufenthalt.

Entlang der Bahnlinie sind in Fahrtrichtung (West nach Ost) Kilometersteine sichtbar. Die Zahlen darauf geben jeweils die Entfernung von Moskau aus an. Vor Taiga heißt es dann 3571 km und vor Sima 4940 km.

Nach Angarsk (247 000 Ew.), mitten in der Taiga gelegen, erreichen Sie schließlich um 3.19 Uhr Irkutsk (S. 102). In der Halbmillionenstadt ist es halb neun in der Frühe. Aber der Reiseveranstalter hat vorsorglich ein Hotelzimmer für Sie gebucht, in dem Sie schlafen und sich ausruhen können, denn die Reise auf der Transsib ist alles andere als eine Erholungstour.

Ein Wort zur Sicherheit: Alle Reiseveranstalter, die eine Fahrt mit der Transsib anbieten, versichern, dass es nie ernsthafte Probleme gegeben hat – entgegen den abenteuerlichen Berichten, die in den Medien über Korruption, Mafia und Diebstahl kursieren. Dennoch bleibt die überall übliche Vorsicht geboten: Wertsachen nie unbeaufsichtigt lassen, das Gepäck im Auge behalten.

EIN TAG IN MOSKAU

Action pur und einmalige Erlebnisse.
Gehen Sie auf Tour mit unserem Szene-Scout

FRÜHSTÜCKS-DUELL

8:00

Das *Dantes* ist nach dem Duellgegner des Nationaldichters Puschkin benannt und liegt mitten im beliebten Ausgehviertel um die Myasnitskaja-Straße. Tipp: Die süßen Pfannkuchen mit Kokosraspeln und Konfitüre bestellen. **WO?** *Ul. Myasnitskala 13/3 | Tel. 621 46 88 | Kosten: ab 9 Euro | www.dantesrestoran.ru*

10:00

ADRENALINSCHUB

Rein in den blauen Sicherheitsanzug, Schutzbrille auf und im Windkanal von *Freezone* schweben. Luft, die mit gewaltiger Geschwindigkeit aus Turbinen bläst, macht's möglich und simuliert perfekt das Gefühl des freien Falls. **WO?** *Moskowskaja oblast, Simferopolskoje schosse, 59. Kilometer | Tel. 545 25 49 | Kosten: ab 26 Euro pro 30 Min | www.freezonemoscow.ru*

SUSHI SELBST GEMACHT

12:00

Die Russen sind ganz wild auf Sushi und rollen am liebsten selbst. Meister Li Georgi weiht in die Geheimnisse der Zubereitung ein. Am Ende dürfen die Teilnehmer die selbst gemachten Sushirolls natürlich auch essen – lecker! **WO?** *Cityclass | Tel. 788 88 69 | Kosten: ab 55 Euro pro Person bei zehn Teilnehmern | www.cityclass.ru*

15:30

SCHACHPARTIE

Schach auf Weltniveau gilt als Aushängeschild Russlands – Garri Kasparow lässt grüßen. Bevor motivierte Brettspieler in die Szene eintauchen, kann etwas Übung nicht schaden, z.B. im *Tridewjatoje Tsarstwo*. Moskauer schätzen das Restaurant für seine Gemütlichkeit, die günstigen Blinis und die tolle Sicht auf das Treiben der Arbat-Straße. Falls die Schachbretter besetzt sind, einfach eines im eingegliederten Souvenirhop erstehen und loslegen. **WO?** *Ul. Arbat 4*

24 h

WORTE, DIE DIE WELT BEDEUTEN

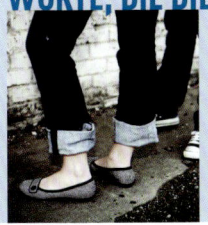

17:00

Ein Guide führt Leseratten durch Moskaus literarisches Viertel, das Arbat-Quartier. Dabei liest er aus russischen Klassikern und weniger bekannten Werken und zeigt die Geburtshäuser verschiedener Schriftsteller. Lebendiger kann Literatur kaum sein. **WO?** *Eastline, Treffpunkt und Anmeldung unter info@eastline-reisen.de | Kosten: ab 24 Euro | Lesung auch auf Deutsch*

20:30

DINNER IM MON CAFÉ

Das kleine Eckcafé besticht durch gemütliche Einrichtung und leckere Speisen zu moderaten Preisen – darunter Rucolasalat mit Krevetten, Fettuccine mit Lachs und das Dessert „Mon Café", ein süßer Kuchen mit Mascarpone, Johannisbeeren und Pistazien. Das *Mon Café* ist auch bei

Moskauer Promis beliebt – die russische Paris Hilton, Xenia Sobtschak, schaut gerne vorbei. **WO?** *1. Twerskaja Jamskaja 4 | Tel. 250 88 00 | http://moncafe.name*

CHILL OUT

In den schweren Ledersesseln der *Jagoda Bar*

22:00

versinken und Kraft für den nächsten Party-Stopp sammeln. Mit einem Glas Wodka oder Wodka-Lemon in der Hand gemütlich das Partyvolk beobachten. **WO?** *Ul. Myasnitskaja 13, Gebäude 3 | Tel. 624 46 96 | www.yagodabar.ru*

1:00

ROCKEN IN DER BANJA

Kacheln an den Wänden der Clubräume zeugen von alten Zeiten: Wo jetzt getanzt, gelacht und geflirtet wird, wurde früher gemeinsam geschwitzt – das *Justo* befindet sich in den Räumlichkeiten einer alten Moskauer Banja (Sauna). *Justo* hat sich direkt nach der Eröffnung im Jahr 2007 als Club mit kreativem Unterhaltungsprogramm etabliert. Neben der

obligatorischen Bar und dem Dancefloor gibt es ein Kino und einen Theatersaal. **WO?** *Teatralny projezd 3, Gebäude 3 | Tel. 765 67 56 | Kosten: 15 Euro | www.justo.ru*

> DIE WEITE DES LANDES NUTZEN

Angeln im Wolgadelta, auf Pferden durch den Altai oder
Wandern durch die Taiga – und so beim Sport landschaftliche
Reize erschließen

**> Viele Russen sind sehr sportlich. Sie
lieben es, sich vor allem im Urlaub kör-
perlich zu betätigen. Die meisten Urlaubs-
plätze für den Sommer- und Winterurlaub
bieten Tischtennis und Tennis, Minigolf
und (bei manchen Hotels) Golf, Surfen und
Volleyball sowie Abfahrts- und Langlauf in
den Loipen.**
Sportlich besonders Aktive sind in
Vereinen und Verbänden organisiert,
die Touristenlager, Basiszentren,
Trainingsanlagen und Stützpunkte
sowie Wanderbauden unterhalten. Inzwischen haben sich viele russische
Reiseveranstalter in verschiedenen
Gegenden des Landes etabliert, die
ungewöhnliche Reisen, Bergtouren,
Skiwanderungen und Wildwasser-
fahrten in ihr Programm aufgenommen haben, wobei sie die bereits vor-
handenen Strukturen, die in Sowjetzeiten aufgebaut wurden, nutzen. Zu
beachten ist, dass die touristischen
Anlagen nicht unbedingt westlichen

Bild: Bergwanderer im Kaukasus

SPORT & AKTIVITÄTEN

Standards entsprechen, häufig ohne großen Komfort und ganz auf Zweckmäßigkeit eingerichtet sind.

ANGELN

Russland ist reich an Flüssen und Seen. Über 3 Mio. Ströme, Flüsse und Bäche durchziehen das Land. In den Wasserläufen und den angrenzenden Brackwassern tummelt sich der ganze Artenreichtum an Fischen, vor allem dort, wo die Eingriffe in die Natur vergleichsweise gering sind. Angeln ist in Russland Volkssport. Überall findet man Angler im Wasser oder am Wasser stehend – mit selbst gebauten oder mit modernen Teleskopruten. Für viele Russen ist die Jagd die traditionell einfachste und billigste Art der Nahrungssuche. Petrijünger aus dem Ausland finden im Norden ein riesiges Angelrevier. Karelien an der finnischen Grenze ist das Land der 10 000 Seen mit reichen

Fischgründen. Sportangler finden eine Landschaft vor, wo im Sommer die Nächte nicht dunkel werden und das Licht die Objekte im Umfeld sanft erleuchtet. Dann einen Mehrpfünder am Pilker zu haben, ist ein besonderes Erlebnis. Kontakt: *North-West Travel Burea | Ul. Putejskaja 5 | 185000 Petrosawodsk | Tel. 8142/ 707616 | nwtb@onego.ru | www.nwtb.ru*

Als das Zentrum der Angler aber kann das Wolgadelta bei Astrachan im Süden Russlands gelten. Die umgebenden Auenlandschaften bieten günstige Fortpflanzungsbedingungen für viele Fischarten.

BERGWANDERN

An der Scheide zwischen Europa und Asien erstreckt sich von den Ufern des Schwarzen Meeres bis zum Kaspischen Meer mit dem Kaukasus eine der schönsten Regionen Russlands, in der Wandern, Hochgebirgswandern sowie alpines Klettern möglich sind. Zwar kursieren immer wieder Nachrichten vom Krisenherd Kaukasus, doch von Sotschi aus bewegen Sie sich im Westkaukasus auf sicheren Pfaden. Die auch im Sommer schneebedeckten Gipfel ziehen sich über 440 km vom Gebiet Noworossijsk nach Süden hin. Der Traum vieler Bergsteiger ist der Elbrus, der als höchster Berg Europas gilt (zwei Gipfel mit 5621 bzw. 5642 m). Touren vermittelt z. B. *Elbrus-Tourservice (Pr. Lenina 53 | Office 78 | 360000 Naltschik | Tel. 866/2442952 | gotoelbrus@gmail.com | www.elbrustourservice.ru) oder intakt-reisen.de (Bartningallee 27 | 10557 Berlin | Tel. 030/2061648 80 | info@intakt-reisen.de | www.intakt-reisen.de).*

Eine lohnende Trekkingtour führt am Baikal entlang. Die Wanderung beginnt in Sludjanka am südlichen Ufer das Baikalsees. Es geht zunächst in die Taiga, einen unübersehbaren Wald, soweit das Auge reicht, mit schmalen Lärchen, Fichten, Tannen und Birken – kreuz und quer

Sonnenschein über den Wolken:
Bergsteiger am Elbrus

SPORT & AKTIVITÄTEN

durcheinander stehend, manche Wipfel haben sich von der Last des Schnees bis zur Erde geneigt. Eine Begegnung mit der Natur hautnah. Der Weg führt vorbei an einem Bergfluss, vorbei an Wasserfällen. Dann geht es hoch auf den Tscherskij-Pik, mit 2572 m der höchsten Spitzen des Baikalgebirges. Vom schneebedeckten Gipfel hat man einen herrlichen Blick auf einen herzförmigen Bergsee. Geführte Touren vermittelt die russische Agentur *Baikaltrekking (Tel. 908/66 27 44 | info @baikaltrekking.com | www.baikal trekking.com).*

HELISKIING

Morgens im Schwarzen Meer baden, mittags auf Gletschern der Kaukausausläufer Ski fahren: Reiche Russen lassen sich in Krasnaja Poljana selbst im August mit dem Hubschrauber zum Heliskiing und Freeriding abseilen. Touren vermittelt der Schweizer Anbieter *Espace Est-Ouest (Rue de la Gare 7 | CH-1110 Morges 1 | Tel. 0041/21/80 30 4 78 | info@espace-est-ouest.com | www.heliski-welt.com*

RAFTING

Eine besonders abenteuerliche Raftingtour kann man auf einem Zufluss des Ob, dem Tschulyschman, in der Republik Gorno-Altai an der mongolischen Grenze erleben. Auch höchste Wildwasser-Schwierigkeitsgrade werden auf selbst gebauten, einheimischen *Plots* – das sind einfache, mit Holzstämmen verbundene, robuste Schlauchboote – überwunden. Die über 100 km lange Expedition endet schließlich im gemächlichen Wasser des Teletzkoje-Sees.

Weniger anstrengend und in der Schwierigkeitskategorie der Wildwasser deutlich geringer eingestuft ist eine Tour aus dem Bergsee Teletzkoje heraus auf den Fluss Bija – vom Dorf Artybasch bis Bijsk über eine Strecke von 250 km: eine zwar lange, aber zu großen Teilen gemütliche Bootsfahrt für 8 bis 10 Tage. Nur auf den ersten 60 km sind neun Schwellen – u.a. bei Pyschinski, Scheki und Sarakokschinski – zu überwinden. Vor jeder Schwelle stehen an den Ufern Markierungen. *Reisebüro Komanda Gorkij | Ul. 40 let Oktjabrja 1a | 603062 Nischnij Nowgorod | Tel. 831/278 94 04 | adv @teamgorky.ru | www.teamgorky.ru*

REITEN

Eine schöne Route auf dem Rücken der Pferde durch den Altai beginnt am Stützpunkt *Katun* (Name des gleichnamigen Flusses), nicht weit von Gorno Altaisk, der Hauptstadt der Republik Altai. Diese Touristenbasis verfügt über genügend Vierbeiner, um jeden Wunsch zu erfüllen. Reichen die Pferde der Station nicht, dann haben die Pfleger eigene parat. Mieten Sie an Ort und Stelle, bleiben die Kosten gering. Es ist sinnvoll, einen Begleiter zu haben, der die Pfade gut kennt. Die reizvolle Natur des Altai-Vorgebirges bietet Reitern ein abwechselungsreiches Bild: wiesen- und waldreiche Hügel, Bäche, Seen. Es gibt verschiedene Wanderrouten im Sattel – über mehrere Stunden und über mehrere Tage. Auskunft: *Advanture Travel | Ul. Neftesawodskaja 14 | Office 5 | 644029 Omsk | Tel. 3812/26 96 47 | www.advanture travel.ru*

VORHANG AUF, MANEGE FREI!

In Vergnügungsparks und Technikmuseen, vor allem aber im Zirkus kommen Kinder auf ihre Kosten

> Die Russen lieben ihre Kinder über alles. Sie werden von klein auf verwöhnt und leben rundum versorgt in der Familie, meist von der *Babuschka* (Großmutter) betreut. Besser gestellte Familien knüpfen heute an eine alte Tradition an und beschäftigen eine *Njanja* (Kinderfrau). Den Urlaub plant man dagegen nicht in Familie. Das ist ein Erbe aus Sowjetzeiten, als man für die Ferien vom Betrieb eine *Putjowka,* den Urlaubsschein für ein Ferienheim, erhielt und Schulkinder ins Ferienlager geschickt wurden. Angebote für Familienurlaub gibt es deswegen kaum. Die Eintrittspreise der Freizeiteinrichtungen sind für westliche Verhältnisse meist recht erschwinglich.

■ MOSKAU/GOLDENER RING ■

ALTER UND NEUER ZIRKUS
IN MOSKAU ★   [144 B–C5]

Ein einzigartiges Erlebnis ist ein Abend unter einer Zirkuskuppel. Nirgendwo auf der Welt ist der Unterhaltungswert im Wechselspiel zwischen Spaß und sportlicher Höchstleistung so perfektioniert wie bei den russischen Artisten. Im ganzen Land gibt es über 50 feste Häuser, meist Kuppelbauten, allein zwei in Moskau: *Neuer Zirkus (Pr. Wernardskogo 7 | Metro: Uniwersitet | Tel. 495/930 03 00); Alter Zirkus (Zwetnoj Bul. 13 | Metro: Zwetnoj Bulwar | www.circusnikulin.ru).*

KOSMONAUTENMUSEUM   [145 D1]

In Nikulskoje, dem Geburtsort der ersten Frau im Weltall, Walentina Tereschkowa, dürfen kleine und große Kosmonauten echte Helme aufsetzen und es sich in einem Raumfahrersessel bequem machen. *25 km südlich von Tutajew (Gebiet Jaroslawl) | Di–So 10–17 Uhr*

MÄUSEMUSEUM MYSCHKIN   [144 C1]   Inside Tipp

Das einzige Mäusemuseum der Welt (*Mysch* = Maus) zeigt Mäuse, Mäuschen und Mickeymäuse aus Stoff, Keramik, Glas, Holz und Plastik aus dem In- und Ausland und korrespondiert mit allen Mäusefreunden dieser Welt. *Ul. Uglitschnaja 18 | Di–So 10–17 Uhr | Auskunft: Touristen-Informationszentrum | Nikols-*

> MIT KINDERN REISEN

kaja 18 a | Tel. 48544/22777 | tgl. 10–17 Uhr | www.myshkin.ru | 30 km von Uglitsch

◼ DER NORDEN ◼

MUSEUM FÜR EISENBAHNTECHNIK
ST. PETERSBURG   [134 B5]

Freilichtmuseum mit alten Eisenbahnwaggons und Loks, in die man teilweise auch hineinklettern kann. *Nab. Obwodnogo Kanala 118 | Metro: Baltijskaja | tgl. 10–18 Uhr, Okt.–Mai nur Mi–So*

OZEANARIUM MURMANSK   [134 C3]

Die hier lebenden arktischen Robben stammen teils aus Versuchslaboren; der kuppelförmige Bau erinnert an ein großes Iglu. *Pr. Gerojew Sjeweromorzew | Vorstellungen Mi–So 11, 15 und 17 Uhr*

◼ WOLGA-GEBIET ◼

AQUAPARKS

Moderne Spaßbäder mit Riesenrutschen halten in immer mehr Städten Einzug. Zu den größten Anlagen gehört das Riviera-Bad in Kasan [137 D2] mit bunter Piratenfestung (*Ul. Faticha Amirana 1 | www.aquapark-riviera.ru*). In Kasan gibt es noch einen zweiten Aquapark (*tgl. 10–21, Fr/Sa bis 23 Uhr | www.kazan aquapark.ru*). Modern ist auch der Aquapark in Samara [137 D3] (*Moskowskoje Sch., 18 km, 25 | tgl. 10–21 Uhr | www.aquapark-samara.ru*).

◼ SÜDRUSSLAND ◼

VERGNÜGUNGSPARKS

Bis spät abends ist der *Lunapark* an der Strandpromenade in Anapa [136 B5] geöffnet, wo es Hüpfburgen und Zuckerwatte gibt. Das 80 m hohe ☼ Riesenrad im Vergnügungspark *Admiral Wrangel* in Gelendschik [136 B5] garantiert einen schönen Ausblick aufs Meer.

◼ SIBIRIEN/FERNER OSTEN ◼

ZOO NOWOSIBIRSK   [139 E5]

Im modernisierten Zoo von Nowosibirsk gibt es sogar eine Ligerin, eine Kreuzung aus Löwe und Tigerweibchen. *Ul. Timirjasewa 71/1 | sibzoo.narod.ru | im Sommer tgl. 9–20, im Winter 9–18 Uhr*

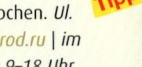

Insider Tipp

> VON ANREISE BIS ZOLL

Urlaub von Anfang bis Ende: die wichtigsten Adressen und Informationen für Ihre Russland-Reise

■ ANREISE

AUTO

Empfehlenswert ist die Route über Nordpolen und das Baltikum bis Pskow. Alternative: Mit der Fähre bis Finnland. Das Fahrzeug muss im Visumsantrag angegeben werden, ebenso in der Zollerklärung. Eine Haftpflichtversicherung ist Pflicht (ca. 60 Euro für 2 Monate, erhältlich an der Grenze). Grüne Versicherungskarte und internationaler Führerschein sind hilfreich. Mitgeführt werden muss neben Verbandskasten und Warndreieck ein Feuerlöscher. Vor der Einfahrt in Städte sind Kontrollposten üblich. Verständigen Sie bei Unfällen die Polizei, und unterschreiben Sie nichts, was Sie nicht verstehen. Höchstgeschwindigkeiten: innerorts 60, auf Landstraßen 90, auf Autobahnen 110 km/h. Seit 2008 gilt die 0,3-Promille-Grenze.

BAHN

Die Fahrt von Berlin nach Moskau dauert 26 Stunden. Für Weißrussland ist ein Transitvisum erforderlich, das nicht an der Grenze ausgestellt werden kann. Russische Fahrpläne: *www.bahn.de*

BUS

Die billigste Variante, aber nur für Reisende mit Sitzfleisch zu empfehlen. Mehrstündige Wartezeiten an

PRAKTISCHE HINWEISE

den Grenzen einkalkulieren! Von Stuttgart nach Moskau ist man mindestens zwei Tage unterwegs. Tickets: *www.touring.de*

FLUGZEUG

Germanwings fliegt Moskau-Wnukowo bereits ab ca. 50 Euro je Strecke an *(www.germanwings.com)*, *Airberlin*-Flüge beginnen in der selben Preisklasse *(www.airberlin.com)*, erschwingliche Alternativen sind auch die russischen Billigflieger *S7* *(www.s7.ru)* und *Vladivostok Avia* *(www.vladavia.de)*. St. Petersburg wird z.B. von *Rossija (www.pulkovo.ru)* angesteuert. Direktflüge nach Samara, Rostow am Don oder Jekaterinburg bieten *Lufthansa, S7* und *Transaero (www.transaero.com)*. Wer in Moskau umsteigt, sollte 3–4 Stunden für die Fahrt zu einem anderen Flughafen einkalkulieren.

SCHIFF

Nicht billig, aber schön: *Tallink Silja* *(www.tallinksilja.com | Tel. Lübeck 0451/569922)* bringt Sie von Rostock nach Helsinki, weiter geht es mit dem Auto. Der *TransRussiaExpress* von *Finnlines* verbindet Lübeck mit Sassnitz auf Rügen und St. Petersburg *(www.tre.com | Tel. Lübeck-Travemünde 04502/80543)*. Sassnitz ist auch mit Baltijsk im Gebiet Kaliningrad verbunden *(www.dfdslisko.com | Tel. Kiel 0431/2097 6420)*.

AUSKUNFT

RUSSISCHES HAUS FÜR WISSENSCHAFT UND KULTUR

Friedrichstr. 176–179 | 10117 Berlin | www.russisches-haus.de

RUSSISCHE BOTSCHAFTEN

– *Deutschland: Unter den Linden 63–65 | 10117 Berlin | Tel. 030/229 11 10 | Fax 229 93 97 | www.russische-botschaft.de (Generalkonsulate in Bonn, Berlin, Frankfurt/M., Hamburg, Leipzig und München)*
– *Österreich: Reisnerstr. 45–47 | 1030 Wien | Tel. 01/712 12 29 | Fax 712 33 88 | www.rusemb.at*
– *Schweiz: Brunnadernrain 37 | 3006 Bern | Tel. 031/352 05 66 | Fax 352 55 95 | www.switzerland.mid.ru*

AUSKUNFT VOR ORT

Einige Städte haben mittlerweile Touristen-Informationsbüros eingerichtet. Hilfreich sind Servicezentren in größeren Hotels, die Touren oder Theaterkarten organisieren.

BANKEN & GELDWECHSEL

In jeder Stadt gibt es Wechselstuben, die US-Dollar und Euro akzeptieren. Geldautomaten gestatten meist nur geringe Maximalbeträge je Abhebungsvorgang, dafür kann man mehrmals täglich Geld abheben. Die gängigsten Kreditkarten werden zunehmend akzeptiert. Reiseschecks können oft nur in bestimmten Banken und Hotels getauscht werden.

BOTSCHAFT DER BUNDESREPUBLIK DEUTSCHLAND

Moskau: Mosfilmowskaja 56 | Tel. 495/937 95 00 | Fax 938 23 54 | www.moskau.diplo.de

DEUTSCHE GENERALKONSULATE

– Moskau: Leninskij Pr. 95 a | Tel. 095/933 43 11 | Fax 936 21 43 | germanrk@aha.ru; weitere in Jekaterinburg, Kaliningrad, Nowosibirsk, St. Petersburg, Wladiwostok (Honorarkonsul)

BOTSCHAFT DER REPUBLIK ÖSTERREICH

– Moskau: Starokonjuschennyi Per. 1 | Tel. 495/502 95 12 | Fax 937 42 69 | www.austrianembassy.ru

BOTSCHAFT DER SCHWEIZ

– Moskau: Per. Ogorodnoj Slobody 2/5 | Tel. 495/258 38 30 | Fax 6212183 | www.eda.admin.ch/moscow

WÄHRUNGSRECHNER

€	Rubel	Rubel	€
1	43,70	10	0,23
2	87,40	50	1,15
3	131,10	75	1,72
4	174,80	150	3,45
5	218,50	200	4,60
7	305,90	300	6,90
8	349,60	400	9,20
9	393,30	500	11,50
10	437,00	900	20,70

EINREISE

Für die Einreise nach Russland benötigen Sie ein Visum. Anträge und Informationen finden Sie im Internet: *www.russische-botschaft.de*. Wer die Bürokratie scheut, sollte ein Reisebüro beauftragen, das auch die erforderliche amtliche Einladung besorgen kann, z. B. *Vostok Reisen (www.vostok.de)*, *Visum Centrale (www.visum-centrale.de)* oder *Reise Service Russland (www.reiseservice-russland.de)*. An der Grenze muss eine Migrationskarte ausgefüllt werden; der obere Teil verbleibt bei der Passkontrolle. Der untere Abschnitt ist für die Anmeldung notwendig und muss bis zur Ausreise aufbewahrt werden. Die Registrierung innerhalb von drei Tagen ist vorgeschrieben, dies erledigt in der Regel das Hotel oder der Reiseveranstalter für Sie.

GESUNDHEIT

Deutsch- und englischsprachige Ärzte gibt es nur in den Metropolen. Staatliche Krankenhäuser entsprechen meist nicht westlichem Standard; die Alternative sind teure Privatkliniken. Alle Leistungen müssen bar oder per Kreditkarte bezahlt werden. Apotheken haben oft bis spät abends geöffnet, Rezepte werden meist nicht verlangt. Schutzimpfungen sind nicht Pflicht, aber empfehlenswert (z. B. Hepatitis A und B, Zeckenimpfung). Achten Sie bei der vorgeschriebenen Auslands-Krankenversicherung auf garantierten Rücktransport im Notfall.

INTERNET

Internetcafés gibt es inzwischen in fast jeder größeren Stadt, nicht selten haben sie 24 Std. täglich geöffnet. Bezahlt wird nach Nutzungsdauer oder Datenvolumen, oft im Voraus. Auch Postämter bieten in der Regel Internet- oder E-Mail-Service an.

PRAKTISCHE HINWEISE

www.russiatourism.ru: staatliche Tourismussite der Russischen Föderation, mit Hotels, Routen usw.; die englischsprachige Site befindet sich im Aufbau; *www.baikalinfo.com:* Baikal-Website von Reisenden für Reisende (dt.); *http://russia.rin.ru:* Zahlen, Fakten und Regionen (auch engl.); *www.russia-travel.ws:* Infos zu den russischen Regionen (engl.); *www.visitrussia.org.uk:* Touristen-Highlights landesweit listet das russische Fremdenverkehrsamt in Großbritannien auf (engl.); *www.russland info.de:* Der deutsche Reiseveranstalter Lernidee bietet allgemeine Hinweise zu Russlandreisen; *www.poezd ka.de:* Reiseberichte und Infos über Russland (dt.); *www.all-hotels.ru:* Umfassendes Hotelverzeichnis (auch engl.); *www.regionen.ru:* Auf der Website bleibt kaum eine Frage zu den russischen Regionen offen (dt.); *www.kulturportal-russland.de:* Veranstaltungshinweise, Buchrezensionen und Neuerscheinungen bietet die Website des Deutsch-Russischen Forums; *www.museum.ru:* guter Überblick über russische Museen (engl.).

MEDIEN

In den Metropolen werden deutschsprachige Zeitungen in großen Hotels und Supermärkten verkauft. Kostenlos finden Sie dort auch die „Moskauer Deutsche Zeitung" *(www. mdz-moskau.eu)* bzw. die „St. Petersburgische Zeitung". Die Online-Zeitung *www.aktuell.ru* und die Nachrichtenagentur „Ria Nowosti" *(www. rian.ru)* informieren täglich auf Deutsch. Der Radiosender „Stimme Russlands" hat eine deutsche Sendung *(www.vor.ru)*.

WAS KOSTET WIE VIEL?

KAFFEE	**0,70–1,40 EURO** für eine Tasse im Stehimbiss
WODKA	**AB 1,50 EURO** für 100 g
TAXI	**AB 1,50 BZW. 4 EURO** für 5 km in der Provinz bzw. in Moskau
PIROGGE	**60 CENT** für eine Pirogge
KAVIAR	**AB 7 EURO** für ein Gläschen roten Kaviars
MATRJOSCHKA	**AB 4 EURO** für eine Puppe in der Puppe

MIETWAGEN

Autos können häufig nur mit Fahrer angemietet werden (Vermittlung über die Hotels). Internationale Verleiher wie *Hertz* oder *Europcar* haben sich in Moskau und St. Petersburg angesiedelt.

ÖFFNUNGSZEITEN

Lebensmittelgeschäfte und Kioske haben oft bis spät in die Nacht oder sogar 24 Stunden am Tag geöffnet. Einkaufszentren in den Großstädten verzeichnen am Wochenende den größten Besucheransturm. Fast alle Museen haben monatlich einen Reinigungstag *(Sanitarnyj Den)*, an dem sie geschlossen bleiben. Die meisten Museen sind montags geschlossen, an den übrigen Tagen von 10–17 Uhr geöffnet.

POST

In Russland ist die Post blau; diese Farbe haben auch die Briefkästen (mit weißer Aufschrift *Potschta*). Ein Brief nach Deutschland dauert 2 Wochen, auch per Luftpost. Oft verschwinden Sendungen oder werden beim Zoll geöffnet. Daher niemals Geld mitschicken!

PREISE & WÄHRUNG

Öffentliche Verkehrsmittel sind für westeuropäische Verhältnisse günstig, Hotels und Restaurants hingegen vor allem in Moskau und St. Petersburg recht teuer. Ausländer zahlen meist höhere Übernachtungspreise, das gleiche gilt für Eintrittspreise in Museen. Oft werden Preise in Units angegeben *(„u.e")*, die einem US-Dollar entsprechen. Bezahlt wird jedoch immer in Rubel.

REISEVERANSTALTER

– Go east | Bahrenfelder Chaussee 53 | 22761 Hamburg | Tel. 040/896 90 90 | *www.go-east.de*

– Lernidee Reisen | Eisenacher Str. 11 | 10777 Berlin | Tel. 030/786 00 00 | *www.lernidee.de*

– Olympia-Reisen | Siegburger Str. 49 | 53229 Bonn | Tel. 0228/40 00 30; Wilhelmstr. 94 | 10117 Berlin | Tel. 030/226 70 40 | *www.olympia-reisen.com*

– Ost & Fern (ehemals CVJM-Reisedienst) | An der Alster 40 | 20099 Hamburg | Tel. 040/38 40 95 70 | *www.ostundfern.de*

– Ventus Reisen | Krefelder Str. 8 | 10555 Berlin | Tel. 030/39 10 03 32 | *www.ventus.com*

– Vostok Reisen | Weinbergweg 2 | 10119 Berlin | Tel. 030/30 87 10 20 | *www.vostok.de*

In Österreich:

Olympia-Reisen | Mariahilfer Str. 103 a | 1060 Wien | Tel. 01/596 46 45 | *www.olympia-reisen.com*

In der Schweiz:

Kira Reisen | Mellingerstr. 6 | 5400 Baden | Tel. 056/200 19 00 | *info@kiratravel.ch | www.kiratravel.ch*

WETTER IN MOSKAU

Jan.	Feb.	März	April	Mai	Juni	Juli	Aug.	Sept.	Okt.	Nov.	Dez.
–7	–6	0	9	17	22	24	22	16	8	0	–5
Tagestemperaturen in °C											
–14	–13	–8	0	6	11	13	12	7	1	–4	–10
Nachttemperaturen in °C											
1	2	4	5	8	9	9	7	4	2	2	1
Sonnenschein Std./Tag											
8	7	8	7	8	9	11	11	10	9	9	8
Niederschlag Tage/Monat											

PRAKTISCHE HINWEISE

REISEZEIT

Das Klima in Russland reicht von arktisch im Norden bis subtropisch an der Schwarzmeerküste: Im Winter kann es extrem kalt werden, im kurzen Sommer sehr heiß. Besonders schön sind die „Weißen Nächte" im Norden, wenn im Juni/Juli die Sonne nur wenige Stunden untergeht.

SICHERHEIT

Meiden Sie nachts menschenleere Gegenden und stellen Sie Wertsachen nicht offen zur Schau. Taschendiebe haben sich auf stark frequentierte Orte wie die Metro, Märkte und Bahnhöfe spezialisiert. Auf dem Newskij Prospekt in St. Petersburg soll es Banden geben – hier gilt erhöhte Vorsicht! Von Reisen in einige Regionen des Kaukasus, wo es zu Terroranschlägen und Kämpfen gekommen ist, wird abgeraten.

STROM

Die Netzspannung beträgt meist 220 Volt. Bis auf internationale Hotels sind Zwischenstecker erforderlich.

TAXI

In Russland winkt man per Handzeichen ein privates Taxi heran. Viele Russen verdienen sich so ein kleines Taschengeld. Steigen Sie jedoch nur ein, wenn der Fahrer alleine ist. Offizielle Taxis sind häufig knallgelb, Taxometer funktionieren oft nicht.

TELEFON & HANDY

Ortsgespräche in Russland sind gratis, Ferngespräche dafür umso teurer. In Hotels werden meist alle Gespräche berechnet. Für öffentliche Fernsprecher benötigen Sie Telefonkarten, die man in Postfilialen oder am Kiosk kaufen kann. Ausländische Handys funktionieren im europäischen Teil Russlands fast überall, in Sibirien hingegen oft nur in den Städten. Gespräche vom Festnetz nach Deutschland: 8-(Freizeichen abwarten) -1049 (Österreich 1043, Schweiz 1041), Vorwahl (ohne Null) und Rufnummer. Der Ländercode für Russland ist 007. Die Vorwahlen wurden vielerorts umgestellt. Falls Sie eine alte Nummer mit einer 0 als erster Ziffer haben, versuchen Sie diese durch eine 4 zu ersetzen (z. B. Moskau alt: 095, neu: 495). Für innerrussische Ferngespräche: 8 vorwählen, Freizeichen abwarten. Das gilt nur für analoge Telefone, mit dem Handy kann man sofort wählen.

TRINKGELD

In Restaurants wird ein Trinkgeld von 10 Prozent erwartet. Garderoben in Theatern und Cafés sind meist kostenlos, die Angestellten freuen sich aber über eine Anerkennung.

ZEIT

Russland umfasst elf Zeitzonen: Sie reichen von plus 1 Std. MEZ in Kaliningrad bis plus 11 Std. auf der Halbinsel Tschukotka. Von Ende März bis Ende Oktober werden die Uhren um eine Stunde vorgestellt.

ZOLL

Bis zu 3000 Dollar Valuta können ohne Deklaration ausgeführt werden. Nicht außer Landes gebracht werden dürfen Kunstgegenstände, die vor 1945 angefertigt wurden. Zollfreie Einfuhr in die EU: 1 l Spirituosen, 2 l Wein, 200 Zigaretten, 125 g Kaviar.

> Ты говоришь по-русски?

„Sprichst du Russisch?" Dieser Sprachführer hilft Ihnen, die wichtigsten Wörter und Sätze auf Russisch zu sagen

Aussprache

Zur Erleichterung der Aussprache sind alle russischen Wörter mit einer einfachen Aussprache (in der mittleren Spalte) versehen. Die betonte Silbe ist im Russischen und in der Aussprache immer durch ein Akzentzeichen ' markiert. Der Buchstabe „y" in der Aussprache wird wie ein „u" ausgesprochen, wobei die Lippen nicht gerundet, sondern wie beim „i" gespannt werden.

■ AUF EINEN BLICK

Ja./Nein.	da./njet.	Да./Нет.
Bitte.	paschálsta.	Пожáлуйста.
Danke.	spassíba.	Спасúбо.
Nichts zu danken.	njé-sa-schta.	Нé за что.
Verzeihung!	prastítje!	Простúте!
Wie bitte?	iswinítje, kak wy skasáli?	Извинúте, как Вы сказáли?
Ich verstehe Sie nicht.	ja was ni-panimáju.	Я Вас не понимáю.
Ich spreche nur wenig …	ja gawarjú tólka nimnóga …	Я говорю́ тóлько немнóго …
Können Sie mir bitte helfen?	wy móschytje pamótsch mnje?	Вы мóжете помóчь мне?
Ich möchte …	ja chatschú …	Я хочý …
gut/schlecht	charaschó/plócha	хорошó/плóхо
Haben Sie …?	u-was jest …?	У Вас есть …?
Wie viel kostet es?	skólka éta stóit?	Скóлько э́то стóит?
Wie viel Uhr ist es?	katóry tschas?	Котóрый час?
Wo ist hier die Toilette?	gdje sdjes tualét?	Где здесь туалéт?

■ KENNENLERNEN

Guten Morgen!	dóbraje útra!	Дóброе ýтро!
Guten Tag!	dóbry djen!	Дóбрый день!
Guten Abend!	dóbry wjétschir!	Дóбрый вéчер!
Willkommen!	dabró paschálawat!	Добрó пожáловать!
Wie geht es Ihnen?	kak u-was dilá?	Как у Вас делá?
Wie geht es dir?	kak u-tibjá dilá?	Как у тебя́ делá?
Und Ihnen/dir?	a u-was/u-tibjá?	А у Вас/у тебя́?
Auf Wiedersehen!	da-swidánija!	До свидáния!
Tschüss!	paká!	Покá!

SPRACHFÜHRER RUSSISCH

◼ UNTERWEGS

AUSKUNFT

links/rechts	naljéwa/napráwa	налéво/напрáво
geradeaus	prjáma	прямо
nah/weit	blíska/dalikó	блúзко/далекó
Bitte, wo ist …?	skaschýtje, paschálsta, gdje …?	Скажúте, пожá-луйста, где …?
Gehen Sie über …	pirijdítje …	Перейдúте …
… die Straße.	… úlizu.	… улицу.
Wie weit ist das?	kak éta dalikó?	Как это далекó?

UNFALL

Hilfe!	pamagítje!	Помогúте!
Achtung!	wnimánije!	Внимáние!
Rufen Sie bitte schnell …	wýsawitje býstra …	Вúзовите бúстро …
… einen Krankenwagen.	… skóruju pómaschtsch.	… скóрую пóмощь.
… die Polizei.	… milízyju.	… милúцию.
… die Feuerwehr.	… paschárnuju kamándu.	… пожáрню комáнду.

◼ ESSEN & TRINKEN

Wo gibt es hier ein gutes Restaurant?	gdje sdjes charó-schy ristarán?	Где здесь хорóший ресторáн?
Wo gibt es hier ein nicht zu teures Restaurant?	gdje sdjes nidara-gój ristarán?	Где здесь недорогóй ресторáн?
Gibt es hier eine gemütliche Kneipe?	jest sdjes ujútnaje kafjé?	Есть здесь уютное кафé?
Reservieren Sie uns bitte für heute Abend einen Tisch für vier Personen.	sarisirwírujtje nam na-siwódnischnij wjétschir stol na-tschityrjóch tschilawjék, paschálsta.	Зарезервúргúте нам на сегóдняш-ний вéчер стол на четырёх человéк, пожáлуйста.
Auf Ihr Wohl!	sa-wásche sdarówje!	За Вáше здорóвье!
Bezahlen, bitte.	raschtschitájtis sa-mnoj, paschálsta.	Рассчитáйтесь со мной, пожáлуйста.

◼ ÜBERNACHTEN

Können Sie mir ein gutes Hotel	wy ni-passawjétujutje mnje charóschuju	Вы не посовéтуете мне хорóшуо

empfehlen?	gastínizu?	гости́ницу?
Können Sie mir eine	wy ni-passawjétujutje	Вы не посове́туете
Pension empfehlen?	mnje tschássny	мне ча́стный
	panssión?	пансио́н?
Haben Sie noch	u-was jest swabódnyje	У вас есть свобо́д-
Zimmer frei?	namirá?	ные номера́?
Ein Einzelzimmer	adnamjéssny nómir	Одноме́стный но́мер
Ein Zweibettzimmer	dwuchmjéssny nómir	Двухме́стный но́мер
mit Bad	s-wánnaj	с ва́нной
für eine Nacht	na-adnú notsch	на одну́ ночь
für eine Woche	na-nidjélju	на неде́лю
Was kostet	skólka stóit	Ско́лько сто́ит
das Zimmer?	nómir?	но́мер?
mit Frühstück?	s-sáftrakam?	с за́втраком?
mit Halbpension?	s-sáftrakam i úschynam?	с за́втраком и
		у́жином?

> ALPHABET UND UMSCHRIFT
Kleiner Entzifferungshelfer

Kyrillischer Buchstabe		Trans- kription	Trans- literation	Kyrillischer Buchstabe		Trans- kription	Trans- literation
А	а	a	a	С	с	s	
Б	б	b		Т	т	t	
В	в	w	v	У	у	u	
Г	г	g		Ф	ф	f	
Д	д	d		Х	х	ch	h
Е	е	e/je		Ц	ц	z	
Е	е	jo		Ч	ч	tsch	č
Ж	ж	sch	ž	Ш	ш	sch	š
З	з	s	z	Щ	щ	schtsch	šč
И	и	i		Ъ	ъ		
Й	й	j				„harte" Aussprache	
К	к	k		Ы	ы	y	
Л	л	l		Ь	ь		
М	м	m				„weiche" Aussprache	
Н	н	n		Э	э	e	
О	о	o		Ю	ю	ju	
Р	р	r		Я	я	ja	
П	п	p					

In diesem Band finden Sie zwei Arten der Umschrift: Für den Text (ein nach oben offener Winkel über dem Buchstaben) die lautgerechte Übertragung in das lateinische Alphabet; für die Karten die Transliteration, bei der im kyrillischen Alphabet das sogenannte Háček, sprich Hatsche, einen Zischlaut angibt.

SPRACHFÜHRER

■ PRAKTISCHE INFORMATIONEN ■

ARZT

Können Sie mir einen guten Arzt empfehlen?	wy móschytje passawjé-tawat mnje charóschywa wratschá?	Вы мóжете посовé-товать мне хорóшего врачá?
Ich habe hier Schmerzen.	sdjes u-minjá balít.	Здесь у меня болúт.

BANK

Wo ist hier eine Bank/Wechselstube?	gdje sdjes bank/punkt abmjéna waljúty?	Где здесь банк/ пункт обмéна/валюты?
Ich möchte ... *(Betrag)*	ja chatschú abminját ...	Я хочý обменять ...
... Euro/	...jéwra	... éвро/
... Schweizer Franken/	... schwijzárskich fránkaf/	... швейцáрских фрáнков/
... Dollar	... dóllaraf	... дóлларов
... in Rubel wechseln.	... na-rublí.	... на рублú.

POST

Was kostet ...	skólka stóit atpráwit	Скóлько стóит ...
... ein Brief/	... pissmó/	... отпрáвить письмó/
... eine Postkarte	... atkrýtku	... открытку
... nach Deutschland?	... w-girmániju?	... в Гермáнию?

■ ZAHLEN ■

0	nol	ноль	18	wassimnázat	восемнáдцать
1	adín *m/*	одúн/	19	diwitnázat	девятнáдцать
	adná *f/*adnó *n*	однá/однó	20	dwázat	двáдцать
2	dwa *m n/*dwjä *f*	два/две	30	trízat	трúдцать
3	tri	три	40	sórak	сóрок
4	tschitýrje	четыре	50	pidissját	пятьдесят
5	pjat	пять	60	schysdissját	шестьдесят
6	schest	шесть	70	sjémdissit	сéмьдесят
7	sjem	семь	80	wóssimdissit	вóсемьдесят
8	wóssim	вóсемь	90	diwinósta	девянóсто
9	djéwit	дéвять	100	sto	сто
10	djéssit	дéсять	200	dwjésti	двéсти
11	adínazat	одúннадцать	300	trísta	трúста
12	dwinázat	двенáдцать	1000	týssitscha	тысяча
13	trinázat	тринáдцать	2000	dwjä týssitschi	две тысячи
14	tschitýrnazat	четырнадцать	10000	djéssit týssitsch	дéсять тысяч
15	pitnázat	пятнáдцать			
16	schyssnázat	шестнáдцать	1/2	palawína	половúна
17	simnázat	семнáдцать	1/4	tschétwirt *f*	чéтверть

Tempel bei Ulan-Ude

> UNTERWEGS IN RUSSLAND

Die Seiteneinteilung für den Reiseatlas finden Sie auf
dem hinteren Umschlag dieses Reiseführers

REISE ATLAS

1

2

3

4

5

6

t s

48

170

o. Sibirjakova

o. Olenij

Lesk[ino]

Enisej

Gydanskij

p-ov

o.Belyj

p-ov

Jamal

Ob'skaja guba

Gydanskaja guba

1547

Matočkin
Šar

540

40

Novaja

Zemlja

Novozemeľskaja vpadina

Beluš'ja Guba

320

72

o. Vajgač

proliv Karskie Vorota

Bajdarackaja guba

105

Amderma

Pečorskoe
more

Jugorskij p-ov

g. Očenvrd
1363

144

o. Kolguev

Nar'jan-Mar

Vorkuta

Salehard

166

g. Pajer
1499

m. Kanin Nos

Boľšezemeľskaja tundra

Inta

1895

g. Narodnaja
1646

U
R
A
L
S
K
I
J

p-ov.

Šojna

Kanin

Čéšskaja
guba

Timanskij krjan

g. Nerojka

Mezen-
skaja
guba

Resp.

1617
g.Telpoziz

Igrim

more

Zimnij bereg

Mezen'

471

Usť-Cilma

Pečora

Njaga

Arhangeľsk

Nižnij Odes

Njaga

Novodvinsk

Uhta

Troicko-
Pečorsk

Brin-Navolok

Blagoevo

Komi

Bereznik

Emva

Mikun'

Severnye uvally

Syktyvkar

1569
g. Konžakovskij
Kamen'

Ivdeľ

Kotlas

Serov

Konoša

Veľsk

Kičmengskij
Gorodok

Kamskoe
vdhr.

Solikamsk

Berezniki

Verh. Salda

Vologda

Kirov

Šar'ja

Čusovoj

Nižnij
Tagil

Nižnij Tagil

Glazov

Krasnokamsk

PERM'

Pervouraľsk

Kostroma

Udmurtsk.
Resp.

Kungur

EKATERINBURG

Kinešma

Votkinsk

Zlatoust

Ivanovo

Koyrov

Joškar-Ola

IŽEVSK

Sarapul

Resp.

NIŽNIJ
NOVGOROD

Dzeržinsk

Resp. Marij Èl

KAZAN'

NABEREŽNYE
ČELNY

Neftekamsk

Nižnekamsk vdhr.

Baškortostan

1640
g. Jamantau

Miass

Samarskoe
vdhr.

VA

Murom

Arzamas

Čeboksary

Čavaš
resp.

Nižne-
kamsk

Buguľma

Oktiabr'skij

UFA

na

ovo-Zuevo

Čuvaš
vdhr.

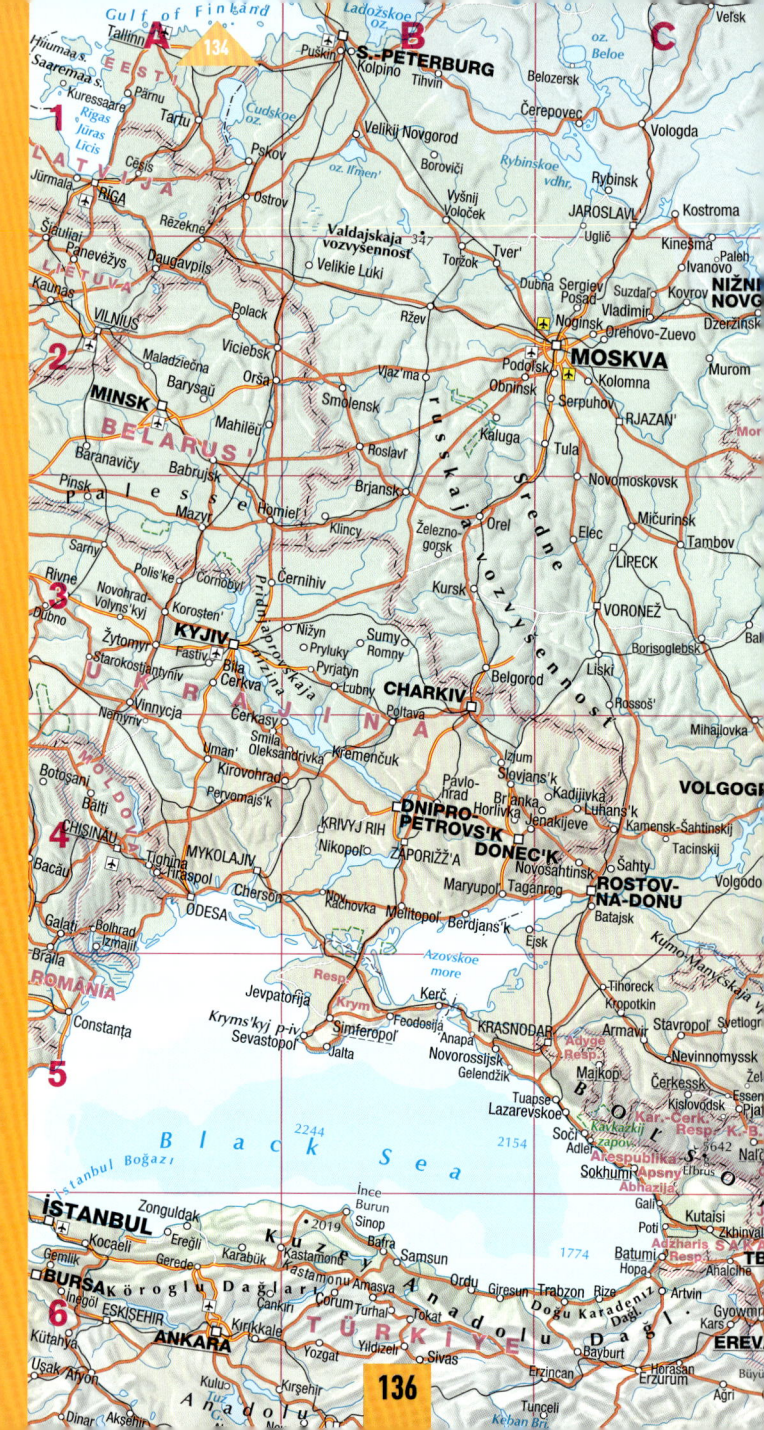

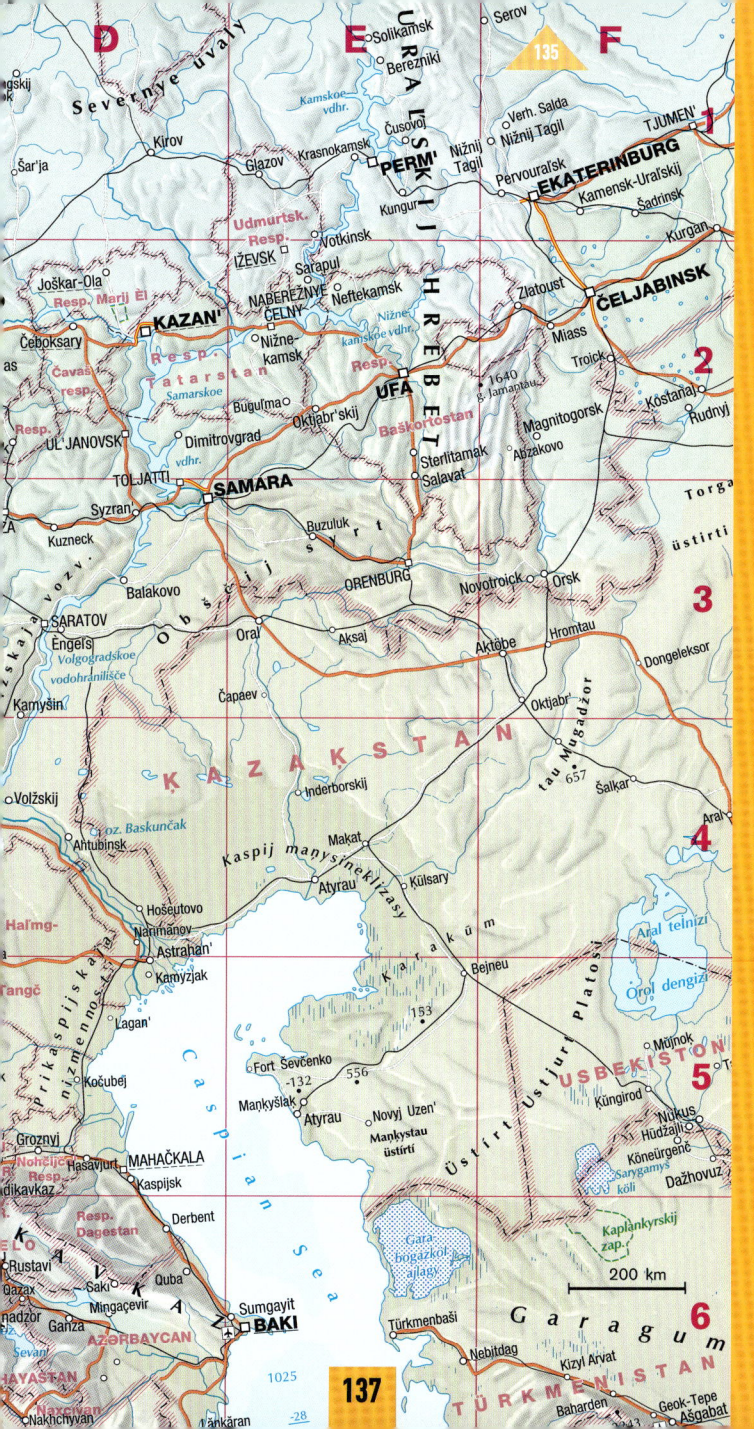

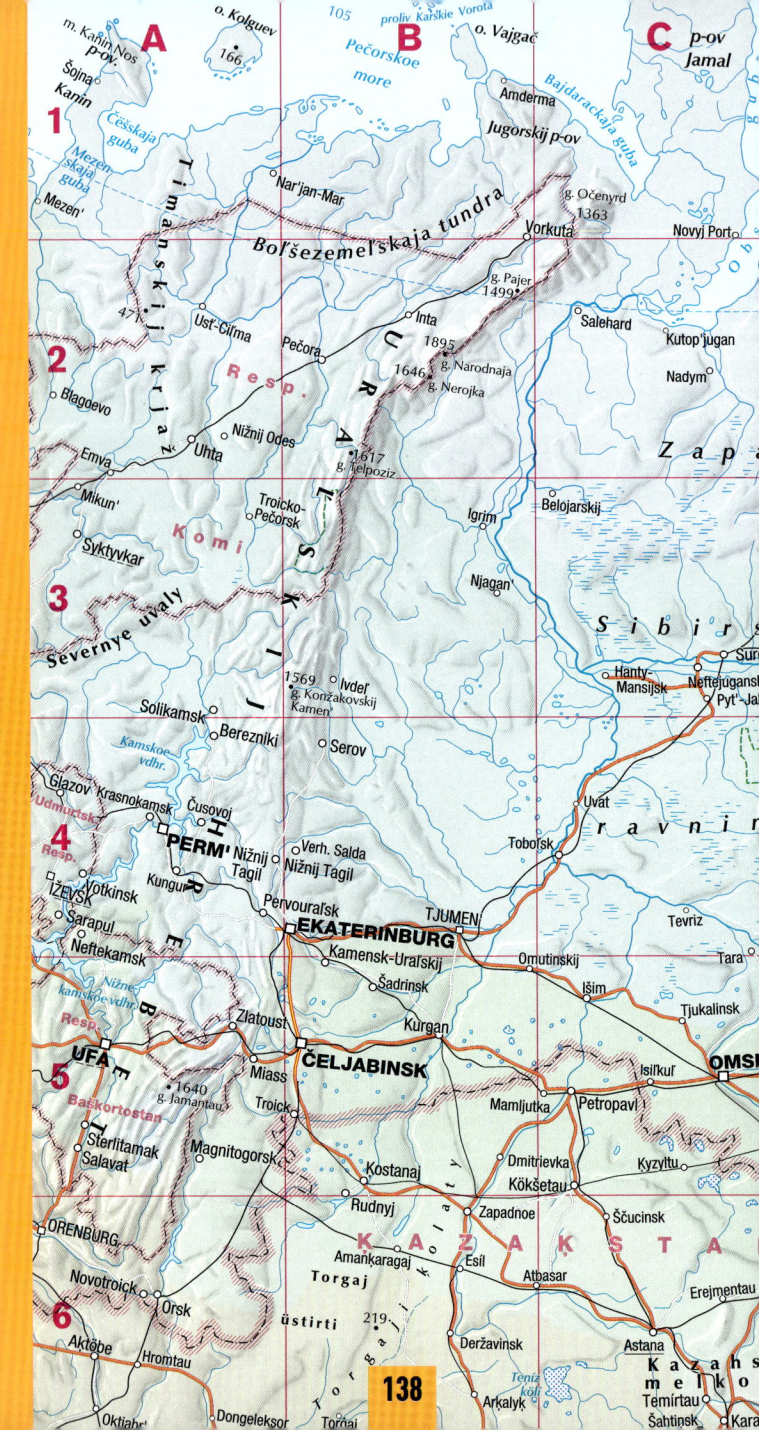

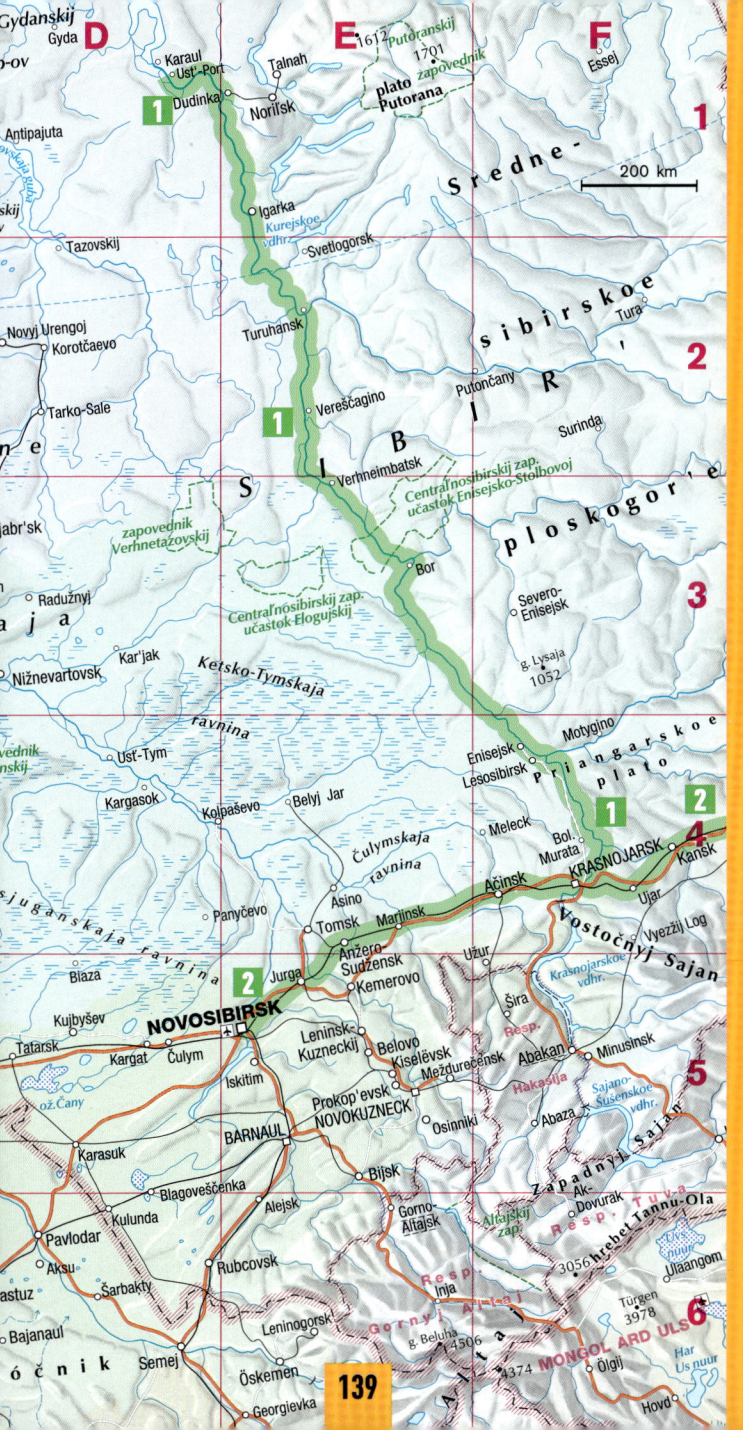

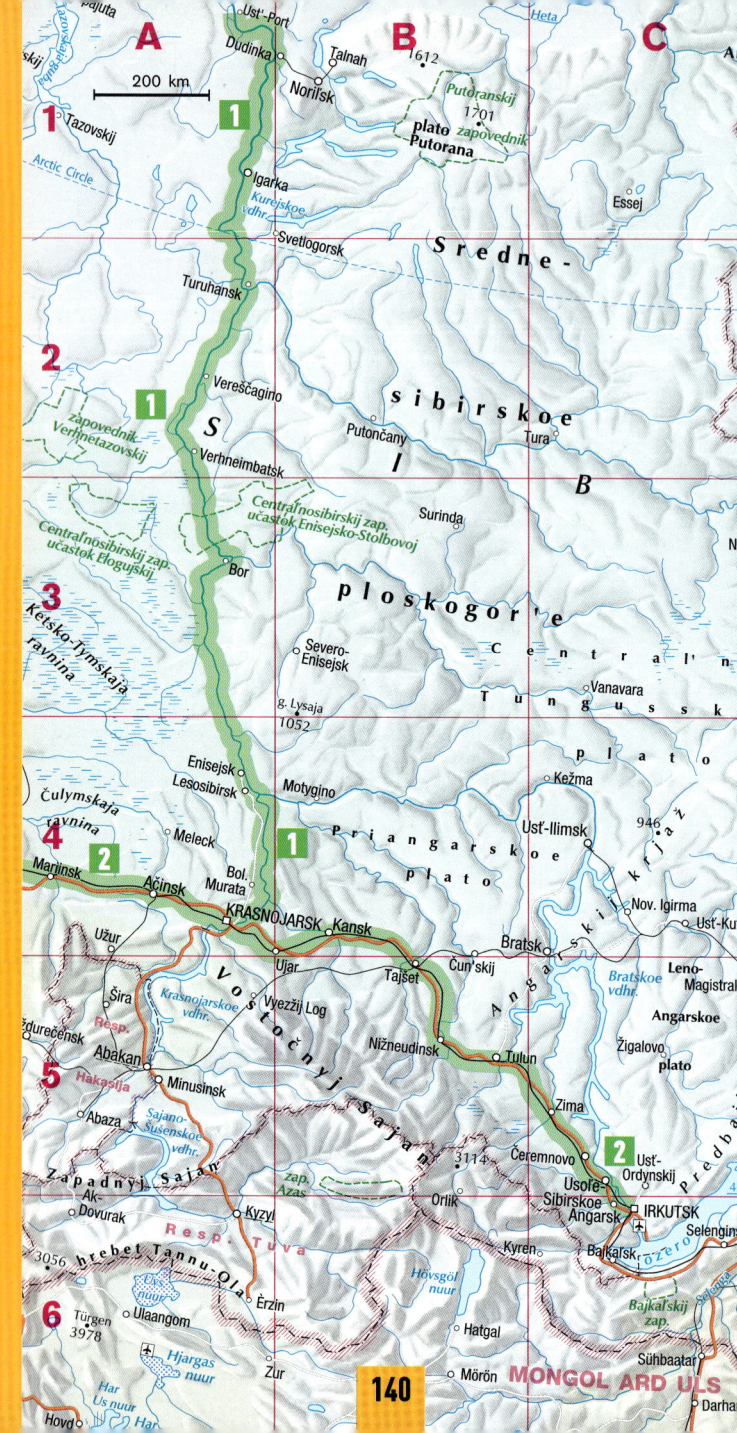

A

200 km

1 Tazovskij

Arctic Circle

Ust'-Port
Dudinka
Norilsk
Talnah

B
1612

Heta

C

Putoranskij
1701 zapovednik
plato
Putorana

Igarka
Kurejskoe
vdhr.
Svetiogorsk

S r e d n e -

Essej

Turuhansk

2

zapovednik
Verhnetazovskij

Vereščagino

S
i
b
i
r
s
k
o
e

Putončany

Tura

B

Verhneimbatsk

Centralnosibirskij zap.
učastok Enisejsko-Stolbovoj

Surinda

Centralnosibirskij zap.
učastok Elogujskij

Bor

p l o s k o g o r ' e

C
e
n
t
r
a
l
'
n

3

Ketsko-Tymskaja
ravnina

Severo-
Enisejsk

T
u
n
g
u
s
s
k

Vanavara

g. Lysaja
1052

p
l
a
t
o

Čulymskaja
ravnina

Enisejsk
Lesosibirsk

Motygino

Kežma

Usť-Ilimsk

946

k
r
j
a
z

4

Marijinsk
2
Ačinsk

Meleck

Bol.
Murata

1

P r i a n g a r s k o e

p l a t o

Nov. Igirma

Usť-Kut

A
n
g
a
r
s
k
i
j

Leno-
Magistral'ny

Užur

KRASNOJARSK
Kansk

Bratsk

Bratskoe
vdhr.

Angarskoe

Šira

Resp.

Ujar

Vvezzij Log

Tajšet

Čun'skij

Nižneudinsk

Tulun

Žigalovo

plato

5

duŕečensk

Abakan

Hakasija

Minusinsk

Krasnojarskoe
vdhr.

V
o
s
t
o
č
n
y
j

S
a
j
a
n

Zima

Abaza

Sajano-
Šušenskoe
vdhr.

zap.
Azas

3114

Čeremnovo

2 Usť-
Ordynskij

P
r
e
d
b
a
j
k
a

Ak-
Dovurak

Zapadnyj Sajan

Kyzyl

Resp. Tuva

Orlik

Usolje
Sibirskoe
Angarsk

IRKUTSK

Selenginsk

465

3056

hrebet Tannu-Ola

Kyren

Bajkalsk

o
z
e
r
o

6

Türgen
3978

Ulaangom

Erzin

Hövsgöl
nuur

Hatgal

Bajkalskij
zap.

B
a
j
k
a
l

Hjargas
nuur

Zur

Möron

Sühbaatar

Har
Us nuur

Hovd

Har

140

MONGOL ARD ULS

Darhan

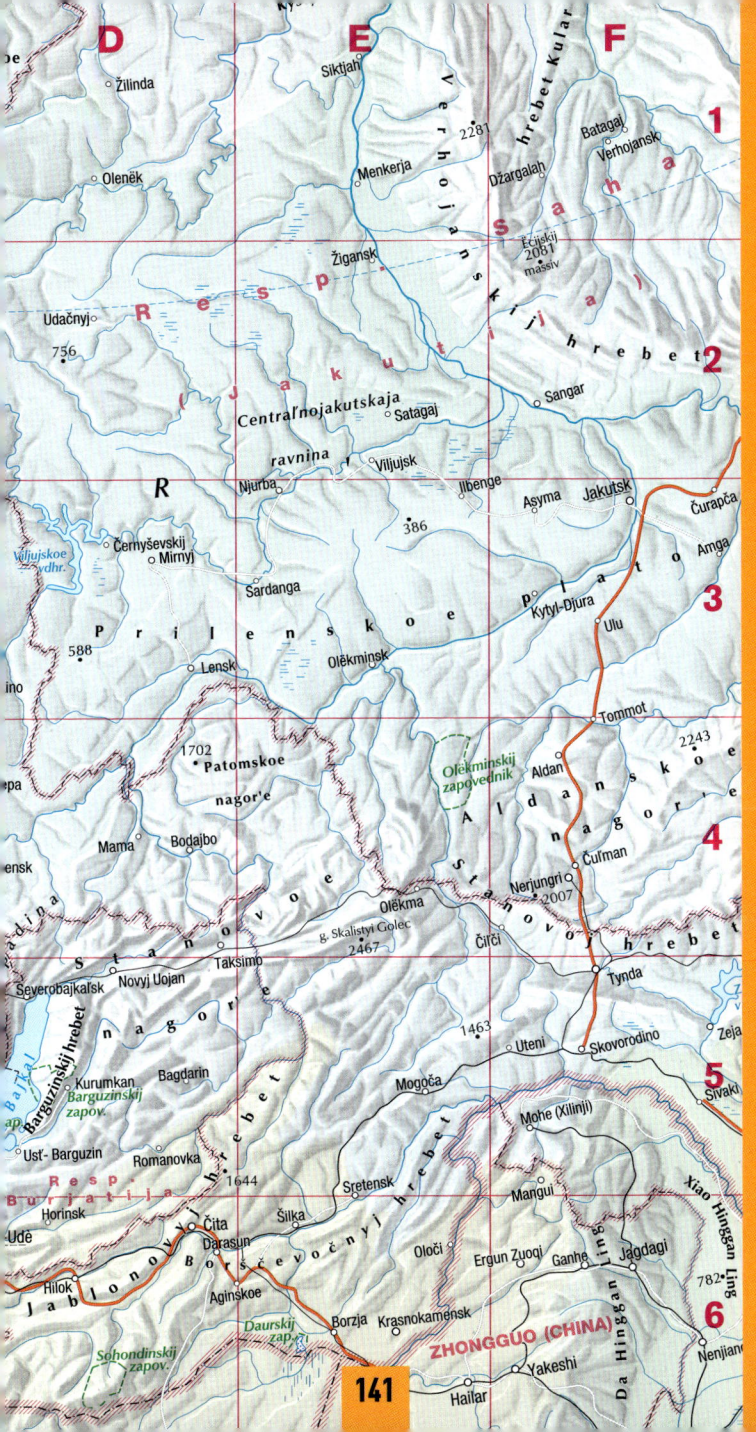

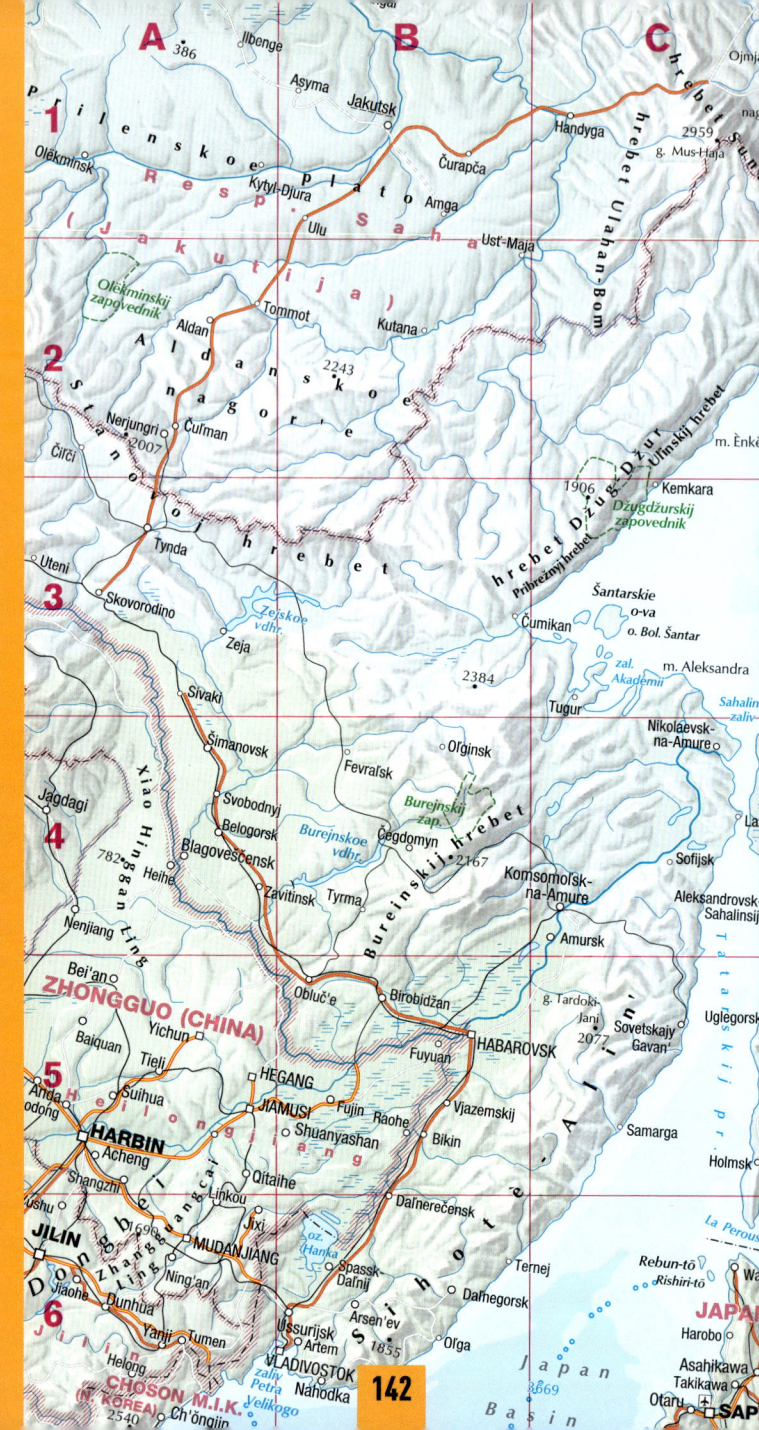

Artyk

D

Susuman

Jagodnoe
2586

Sejmčan

Orotukan

Usť-Omčug

1962

Omsukčan

Ėyensk

Topolovka

Tajgonos

p-ov 1483

Korjakskoe nagor'e

E

Kamenskoe

1045

Korf

F

1

zap. Magadanskij
Kava-Čelomdžinskoe
lesničestvo

Gižiginskaja
guba

zaliv

Jamskaja
guba   405

Ohotsk

Talon Sokol

p-ov
Lisjanskogo

Taujskaja
guba

Magadan

1548

Jamsk Šelihova

zap. Magadanskij
Ol'skoe lesničestvo

p-ov
P'jagina

Palana

m. Južnyj

Karaginskij

Penžinskaja guba

Sredinnyj

o. Karaginskij

zaliv
Kamčatkah
m. Ozernoj

Basin

2549

2

402

o. Iony

zavety

1503

O   h   o   t   s   k   o   e

Oha

1380

más   re

ovskoe
609
Lopatina

ronajsk

aliv
rpenija

mys Terpenija

3120

žno-
halinsk

rsakow

vs Aniva

Kamčatka

p-ov

vlk. Ključevskaja Sopka

3621

Ėsso

Ključi

Usť-
Kamčatsk

4750

Kamčatskij
zaliv

Atlasovo

oz.

Kronockoe

Kronockij zap.

Kronockij
zaliv

vlk. Korjakskaja Sopka

3436

Elizovo

2475

Oktjabr'skij

o. Atlasova

o. Paramušir

1772

Petropavlovsk-
Kamčatskij

7919

m. Lopatka

o. Šumšu

Severo-
Kuril'sk

3

4

o. Onekotan

o. Ekarma

o. Šiaškotan

o. Matua

3471

o. Rasshua

o. Ketoj

o. Simušir

1539

o-va Černye Bratja

o. Urup

8534

PACIFIC OCEAN

4950

Kuril'skaja otlovina

Kuril'skie

o-va

Kuril Trench

9912

5

Kuril'sk

o. Iturup

Kitami

1545

o. Kunašir

Južno-
Kuril'sk

1819

o. Šikotan

o. Zelenyj

Hokkaido

Kushiro

Vityaz
Depth

10542

200 km

143

6

KARTENLEGENDE

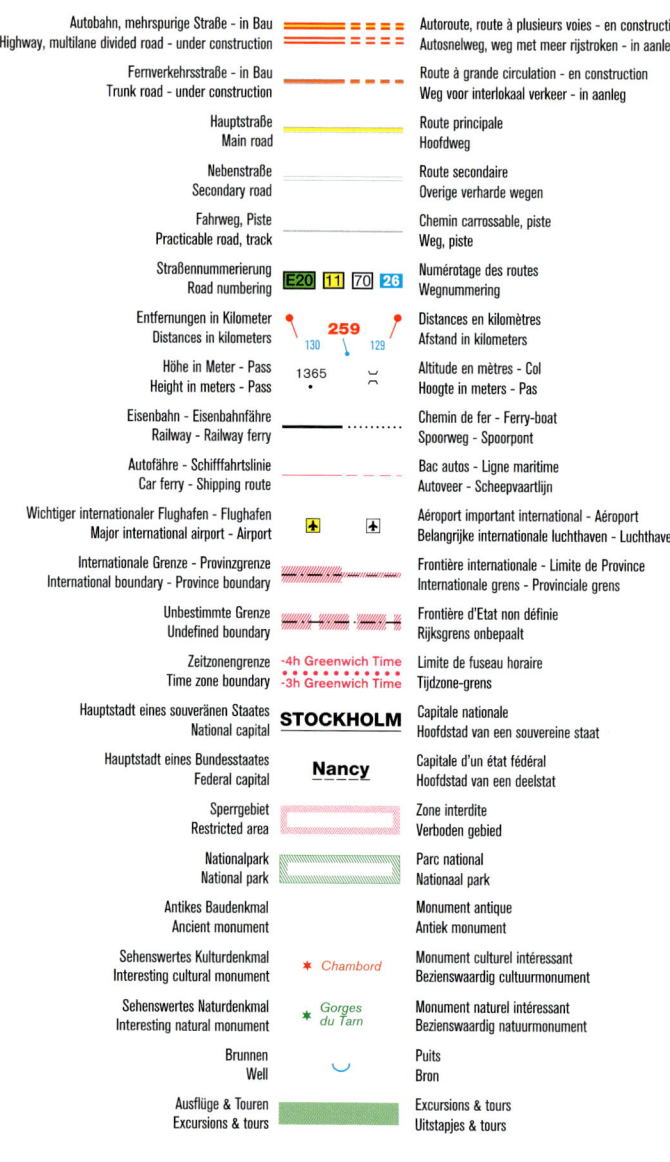

Autobahn, mehrspurige Straße - in Bau Highway, multilane divided road - under construction		Autoroute, route à plusieurs voies - en construction Autosnelweg, weg met meer rijstroken - in aanleg
Fernverkehrsstraße - in Bau Trunk road - under construction		Route à grande circulation - en construction Weg voor interlokaal verkeer - in aanleg
Hauptstraße Main road		Route principale Hoofdweg
Nebenstraße Secondary road		Route secondaire Overige verharde wegen
Fahrweg, Piste Practicable road, track		Chemin carrossable, piste Weg, piste
Straßennummerierung Road numbering	E20 11 70 26	Numérotage des routes Wegnummering
Entfernungen in Kilometer Distances in kilometers	130 259 129	Distances en kilomètres Afstand in kilometers
Höhe in Meter - Pass Height in meters - Pass	1365	Altitude en mètres - Col Hoogte in meters - Pas
Eisenbahn - Eisenbahnfähre Railway - Railway ferry		Chemin de fer - Ferry-boat Spoorweg - Spoorpont
Autofähre - Schifffahrtslinie Car ferry - Shipping route		Bac autos - Ligne maritime Autoveer - Scheepvaartlijn
Wichtiger internationaler Flughafen - Flughafen Major international airport - Airport		Aéroport important international - Aéroport Belangrijke internationale luchthaven - Luchthaven
Internationale Grenze - Provinzgrenze International boundary - Province boundary		Frontière internationale - Limite de Province Internationale grens - Provinciale grens
Unbestimmte Grenze Undefined boundary		Frontière d'Etat non définie Rijksgrens onbepaalt
Zeitzonengrenze Time zone boundary	-4h Greenwich Time -3h Greenwich Time	Limite de fuseau horaire Tijdzone-grens
Hauptstadt eines souveränen Staates National capital	**STOCKHOLM**	Capitale nationale Hoofdstad van een souvereine staat
Hauptstadt eines Bundesstaates Federal capital	**Nancy**	Capitale d'un état fédéral Hoofdstad van een deelstat
Sperrgebiet Restricted area		Zone interdite Verboden gebied
Nationalpark National park		Parc national Nationaal park
Antikes Baudenkmal Ancient monument		Monument antique Antiek monument
Sehenswertes Kulturdenkmal Interesting cultural monument	★ *Chambord*	Monument culturel intéressant Bezienswaardig cultuurmonument
Sehenswertes Naturdenkmal Interesting natural monument	★ *Gorges du Tarn*	Monument naturel intéressant Bezienswaardig natuurmonument
Brunnen Well		Puits Bron
Ausflüge & Touren Excursions & tours		Excursions & tours Uitstapjes & tours

FÜR IHRE NÄCHSTE REISE
gibt es folgende MARCO POLO Titel:

DEUTSCHLAND
Allgäu
Amrum/Föhr
Bayerischer Wald
Berlin
Bodensee
Chiemgau/Berchtes-
    gadener Land
Dresden/Sächsische
    Schweiz
Düsseldorf
Eifel
Erzgebirge/Vogtland
Franken
Frankfurt
Hamburg
Harz
Heidelberg
Köln
Lausitz/Spreewald/
    Zittauer Gebirge
Leipzig
Lüneburger Heide/
    Wendland
Mark Brandenburg
Mecklenburgische
    Seenplatte
Mosel
München
Nordseeküste
    Schleswig-
    Holstein
Oberbayern
Ostfriesische Inseln
Ostfriesland/
    Nordseeküste
    Niedersachsen/
    Helgoland
Ostseeküste
    Mecklenburg-
    Vorpommern
Ostseeküste
    Schleswig-
    Holstein
Pfalz
Potsdam
Rheingau/
    Wiesbaden
Rügen/Hiddensee/
    Stralsund
Ruhrgebiet
Schwäbische Alb
Schwarzwald
Stuttgart
Sylt
Thüringen
Usedom
Weimar

ÖSTERREICH |
SCHWEIZ
Berner Oberland/
    Bern
Kärnten
Österreich
Salzburger Land

Schweiz
Tessin
Tirol
Wien
Zürich

FRANKREICH
Bretagne
Burgund
Côte d'Azur/Monaco
Elsass
Frankreich
Französische
    Atlantikküste
Korsika
Languedoc-Roussillon
Loire-Tal
Nizza/Antibes/Cannes/
    Monaco
Normandie
Paris
Provence

ITALIEN | MALTA
Apulien
Capri
Dolomiten
Elba/Toskanischer
    Archipel
Emilia-Romagna
Florenz
Gardasee
Golf von Neapel
Ischia
Italien
Italienische Adria
Italien Nord
Italien Süd
Kalabrien
Ligurien/
    Cinque Terre
Mailand/Lombardei
Malta/Gozo
Oberital. Seen
Piemont/Turin
Rom
Sardinien
Sizilien/
    Liparische Inseln
Südtirol
Toskana
Umbrien
Venedig
Venetien/Friaul

SPANIEN |
PORTUGAL
Algarve
Andalusien
Barcelona
Baskenland/Bilbao
Costa Blanca
Costa Brava
Costa del Sol/Granada
Fuerteventura
Gran Canaria

Ibiza/Formentera
Jakobsweg/Spanien
La Gomera/El Hierro
Lanzarote
La Palma
Lissabon
Madeira
Madrid
Mallorca
Menorca
Portugal
Sevilla
Spanien
Teneriffa

NORDEUROPA
Bornholm
Dänemark
Finnland
Island
Kopenhagen
Norwegen
Schweden
Stockholm
Südschweden

WESTEUROPA |
BENELUX
Amsterdam
Brüssel
Dublin
England
Flandern
Irland
Kanalinseln
London
Luxemburg
Niederlande
Niederländische
    Küste
Schottland
Südengland

OSTEUROPA
Baltikum
Budapest
Estland
Kaliningrader Gebiet
Lettland
Litauen/Kurische
    Nehrung
Masurische Seen
Moskau
Plattensee
Polen
Polnische Ostsee-
    küste/Danzig
Prag
Riesengebirge
Russland
Slowakei
St. Petersburg
Tallinn
Tschechien
Ungarn
Warschau

SÜDOSTEUROPA
Bulgarien
Bulgarische
    Schwarzmeerküste
Kroatische Küste/
    Dalmatien
Kroatische Küste/
    Istrien/Kvarner
Montenegro
Rumänien
Slowenien

GRIECHENLAND |
TÜRKEI | ZYPERN
Athen
Chalkidiki
Griechenland
    Festland
Griechische
    Inseln/Ägäis
Istanbul
Korfu
Kos
Kreta
Peloponnes
Rhodos
Samos
Santorin
Türkei
Türkische Südküste
Türkische Westküste
Zakinthos
Zypern

NORDAMERIKA
Alaska
Chicago und
    die Großen Seen
Florida
Hawaii
Kalifornien
Kanada
Kanada Ost
Kanada West
Las Vegas
Los Angeles
New York
San Francisco
USA
USA Neuengland/
    Long Island
USA Ost
USA Südstaaten/
    New Orleans
USA Südwest
USA West
Washington D.C.

MITTEL- UND
SÜDAMERIKA
Argentinien
Brasilien
Chile
Costa Rica
Dominikanische
    Republik

Jamaika
Karibik/
    Große Antillen
Karibik/
    Kleine Antillen
Kuba
Mexiko
Peru/Bolivien
Venezuela
Yucatán

AFRIKA |
VORDERER
ORIENT
Agypten
Djerba/
    Südtunesien
Dubai/Vereinigte
    Arabische Emirate
Israel
Jerusalem
Jordanien
Kapstadt/
    Wine Lands/
    Garden Route
Kapverdische Inseln
Kenia
Marokko
Namibia
Qatar/Bahrain/Kuwait
Rotes Meer/Sinai
Südafrika
Tunesien

ASIEN
Bali/Lombok
Bangkok
China
Hongkong/
    Macau
Indien
Japan
Ko Samui/
    Ko Phangan
Malaysia
Nepal
Peking
Philippinen
Phuket
Rajasthan
Shanghai
Singapur
Sri Lanka
Thailand
Tokio
Vietnam

INDISCHER
OZEAN |
PAZIFIK
Australien
Malediven
Mauritius
Neuseeland
Seychellen
Südsee

REGISTER

*In diesem Register sind alle in diesem Reiseführer erwähnten Orte und Ausflugs-
ziele sowie wichtige Namen und Stichworte verzeichnet. Halbfette Seitenzahlen
verweisen auf den Haupteintrag, kursive auf ein Foto.*

Abrau-Djurso
  (Weinmuseum) 83f
Absakowo 95
Alt-Sarepta (Freilicht-
  museum) 77
Amur (Fluss) 100f
Anapa **80**, 121
Angara (Fluss) 10, 102, 104
Angarsk 113
Aquaparks 121
Archangelsk **53ff**, 59
Astrachan 66, **68ff**, 75, 118
Atschinsk 113
Baikalsee 12, 102, **104**, 118
Bogoljubowo 51
Bogotol 113
Bolschoj Achun 88
Chabarowsk 21, **100f**
Chanty Mansiysk 15
Chochloma 29
Chuschir 104
Dolina Ujuta 56f
Dombai 14
Don (Fluss) 66, 77, 85ff
Dostojewskij, Fjodor M. 64
Dudinka 110
Duma 16f
Elbrus (Berg) 78, 84, 118
Ganina Jama **93f**, 95
Gelendschik **83**, 121
Godunow, Boris (Zar) 45, 48
Gorkij, Maxim 73, 85
Gorno Altaisk 119
Grenzstein Europa–Asien
  94
Gulag-Mus. „Perm-36" 97
Ikonen 17, 35, 39, 45, 47f,
  58, 61, 63, 96
Iman 21
Irkutsk 12, 21, 98, **102ff**,
  111, 113
Iwan der Schreckliche 10,
  48, 64
Iwanowo 28f, **31f**
Jaroslawl 21, **33ff**
Jekaterinburg 21, **92ff**, 95
Jenisseij (Fluss) 108f
Jenisseijsk 110
Jessentuki 81
Kaliningrad 18, 28

Kama (Fluss) 66, 96
Kamtschatka 8
Karabicha-Landsitz 36
Kasan **70ff**, 121
Kaspisches Meer 66f
Katharina II.,
  die Große 10, 47
Kaukasus 10, 78, 87,
  116/117, 118
Kidekscha (Boris- und
  Glebkirche) 48
Kischi (Insel) 57, **58f**
Kislowodsk 81
Königsberg, s. Kaliningrad
Kola-Halbinsel 57
Kosaken 18, 87, 98f
Kosma 110
Kostroma 36ff
Krasnaja Poljana **88**, 119
Krasnojarsk 109, 113
Kungur (Eishöhle) 97
Kureijka 110
Kyrillisch 19, 128
Ladoga-See 53
Lenin, Wladimir I. 19f, 39,
  60, 72, 76, 109
Listwijanka 104
Mäusemuseum Mysckin
  49, **120**
Magnitogorsk 94f
Malye Karely 54
Marinemuseum „Botik" 42
Maschuk (Berg) 84
Mazesta 89
Michailowskoje (Puschkin-
  Museum) 60
Mineralnije Wody 78ff
Moskau 8, 13ff, 19f, 23, 30,
  38ff, 47, 75, 109, 110,
  114f, 120
Murmansk 23, **55ff**, 121
Myschkin **49**, 120
Nekrassow, Nikolai 36
Nikolaus II. (Zar) 10, 61, 92
Nikulskoje (Kosmonauten-
  museum) 120
Nischneudinsk 113
Nischnij Nowgorod 29, 66,
  73f
Nischnij Tagil 90

Noworossijsk 78, **82f**, 118
Nowosibirsk 21, 102,
  104ff, 111, 121
Nowotscherkassk
  (Donkosaken-Mus.) 87
Ob (Fluss) 10
Oka (Fluss) 66, 74
Olchon-Insel 104
Omsk 21, 23
Onega-See 53, 57ff
Palech 28, **32**
Pereslawl-Salesskij 41f
Perm 21, **95ff**
Peter I. (Zar), der Große 10,
  19, 33, 42, 44, 47, 52,
  57, 60, 68, 90
Petrosawodsk 57ff
Petschory 60
Pjatigorsk 84
Primorje 10
Pskow 52, **59f**
Puschkin, Alexander 60,
  114
Putin, Wladimir 10, 95
Romanow, Michail (Zar)
  10, 37
Rostow Welikij 42ff
Rostow-na-Donu 75, 78,
  80, **85ff**
Rubljow, Andrej 17, 39, 45,
  48, 51
Sacharow, Andrej 73, 74
Samara **75f**, 121
Saratow 87
Schelesnowodsk 84
Schwarzes Meer 9f, 77, 78ff
Sergijew Posad 44f
Solowetzkij-Inseln 54f
Sotschi 9, 78f, **87ff**, 118
St. Petersburg 8, 14f, 23,
  33, 42, 52, **60ff**, 121
Stalin, Josef 10, 55, 75, 90,
  97, 100
Stalingrad, s. Wolgograd
Staraja Russa 64
Susdal 14, **46ff**
Taiga (Ort) 113
Taischet 113
Talzy (Freilichtmus.) 104
Teletzkoje-See 119

> *www.marcopolo.de/russland*

IMPRESSUM

Transsibirische Eisenbahn 21, 98, 102, 104ff, **110ff**
Tschechow, Anton 11
Tscheljabinsk 90
Tschita 21
Tuapse 79, **89**
Uglitsch 48f
Ulan-Ude 20, 21
Uljanowsk 19, 67, 73, 76
Ust Port 110

Vergnügungsparks 121
Welikij Nowgorod *6/7*, 52, 59, **63f**
Welikij Ustjug 65
Wladimir 20, **50f**
Wladiwostok 9, 21, **106f**, 110
Wodka 27, 29
Wolga 10, 23, 33ff, 48f, 66ff, 108

Wolgadelta 67, **70**, 118
Wolga-Don-Kanal 66, **77**
Wolgafahrt **72f**, 75, *108/109*
Wolgograd 15, 66f, 73, **76f**
Wolgowerchowje 23, 66
Wologda 64f
Workuta 91
Worogowo 110

> SCHREIBEN SIE UNS!

Liebe Leserin, lieber Leser,

wir setzen alles daran, Ihnen möglichst aktuelle Informationen mit auf die Reise zu geben. Dennoch schleichen sich manchmal Fehler ein – trotz gründlicher Recherche unserer Autoren/innen. Sie haben sicherlich Verständnis, dass der Verlag dafür keine Haftung übernehmen kann.

Wir freuen uns aber, wenn Sie uns schreiben.

Senden Sie Ihre Post an die MARCO POLO Redaktion, MAIRDUMONT, Postfach 31 51, 73751 Ostfildern, info@marcopolo.de

IMPRESSUM

Titelbild: Holzpuppen/Matrjoschka (Huber: Tommaso Ausili)
Fotos: Baikal Tek: Olga Kamenskaya (12 u.); Cityclass (114 M.l.); dpa: Wöstmann (77); ©fotolia.com: Darren Baker (14 M.), Ramon Grosso (115 u.r.), Infocus (114 u.r.), Hubert Marciniak (14 u.), Petoo (115 M.l.), sebastien montier (14 o.), zoomer (114 o.l.); Freezone: Vitaly Krolev (114 M.r.); HB Verlag: Sasse (8/9, 62), Teschner/Gaasterland (22/23); Huber: Tommaso Ausili (1), Gräfenhain (5, 6/7, 28, 30/31, 58), Giovanni Simeone (57); ©iStockphoto.com: dobri dobrinov (115 M.r.), Kevin Russ (115 o.l.); Janfot: Janicek (3 r.); V. Janicke (20, 61, 85, 86, 89, 132/133); KomMissia, Moscow International Festival of Graphic Stories (15 u.); Lade: Rohr (2 l., 74); La Terra Magica: Lenz (29, 45), Wothe (19); Look: age fotostock (51), Eisenberger (23), J. van Velzen (27), Widmann (121), Wiesmeier (38); Mauritius: Buss (36/37), Dumrath (49), Food and Drink (26), Dr. Kramarz (2 r.), Mattes (34), Pinn (3 l., 116/117, 118), russian picture service (65); Mauritius/imagebroker: Hollweck (43, 72); C. Naundorf (Klappe Mitte, Klappe rechts, 3 M., 4 l., 100, 103, 111, 112, 120); Michael Neuwirth (12 o.), Okapia: Brakefield (11), Dr. Fischer (Klappe links, 71); Okapia/OSF: Allan (4 r., 105); Okapia/Overseas: Liskin (55); Picture Alliance/dpa: epa Ilnitzky (80); Picture Alliance/dpa/ITARTASS: Katayev (97); Picture Alliance/ZB: Toedt (94); G. M. Schmid (16/17, 24/25, 28/29, 32, 52/53, 66/67, 68, 90/91, 98/99, 107, 108/109); Denis Simachev (13 o.); Social and business center Okhta LLC (15 o.); A. Sperber (22); Transit-Archiv: TASS (92); Prof. Dr. E. Uhlich (41, 46); Urom Union Cinema (13 u.); Visum: PhotoXPress (78/79, 83, 120/121); V. Wengert (150)

8., aktualisierte Auflage 2009
© MAIRDUMONT GmbH & Co. KG, Ostfildern
Chefredaktion: Michaela Lienemann, Marion Zorn
Autoren: Ulrich Stewen, Günther Wolfram, Veronika Wengert; Redaktion: Jochen Schürmann
Programmbetreuung: Jens Bey, Silwen Randebrock; Bildredaktion: Gabriele Forst, Ruth Rehbock
Szene/24h: wunder media, München; Kartografie Reiseatlas: © MAIRDUMONT, Ostfildern
Innengestaltung: Zum goldenen Hirschen, Hamburg; Titel/S. 1–3: Factor Product, München
Sprachführer: in Zusammenarbeit mit Ernst Klett Sprachen GmbH, Stuttgart, Redaktion PONS Wörterbücher

> UNSERE INSIDERIN
MARCO POLO Korrespondentin Veronika Wengert im Interview

Veronika Wengert hat mehrere Jahre als Journalistin in Russland gelebt und gearbeitet und bereist das Land jetzt von ihrem Wohnort Zagreb aus

Warum beschäftigen Sie sich seit 1995 so intensiv mit Russland?

Ich bin zweisprachig, Kroatisch und Deutsch, aufgewachsen und wollte unbedingt südslawische Sprachen studieren. Da Russisch ein wichtiger Bestandteil der Slawistik ist, habe ich mich auch gleich noch für das Nebenfach Russistik eingeschrieben – also eher aus pragmatischen Gründen. Allerdings musste ich vor Studienbeginn erst mal ein halbes Jahr intensiv Russisch lernen, was Voraussetzung für das Studium war.

Was reizt Sie an Russland?

Das unvorhersehbare Element, irgendwie ist es ein Land, in dem viel improvisiert wird – sei es im Alltag oder bei geschäftlichen Dingen. Moskau ist meine Traumstadt, hier bewegt sich unvorstellbar viel. Wo gestern noch eine grüne Wiese war, steht morgen ein Wolkenkratzer. Faszinierend ist auch die Weite Russlands. Das wird einem erst richtig bewusst, wenn man tagelang im Zug sitzt, nichts als endlose Birkenwälder vorbeiziehen und das Ziel immer noch Tausende von Kilometern entfernt ist. Und zuletzt die Herzlichkeit der Menschen, die wildfremde Mitreisende

einfach zu sich nach Hause einladen und ihnen alle Vorräte auftischen, auch wenn sie selbst unter schwierigen Verhältnissen leben.

Was genau machen Sie beruflich?

Ich bin freie Journalistin und Übersetzerin für slawische Sprachen. Nach fast vier Jahren in Moskau bin ich zwischenzeitlich nach Zagreb gezogen, wo es ein wenig ruhiger zugeht. Von dort aus berichte ich für verschiedene deutsche Medien, bin aber auch oft in Südosteuropa und Russland unterwegs.

Kommen Sie viel in Russland herum?

In Moskau war ich als Redakteurin für die Regionen zuständig – d. h. für die Berichterstattung von Kaliningrad bis Kamtschatka, also alles, was außerhalb Moskaus passiert. Dadurch war ich an ziemlich entlegenen Orten unterwegs, was oft mit tagelangen Zugfahrten verbunden war – bei denen man Land und Leute kennenlernt. Denn sich im Zugabteil einfach mit einem Buch abzuschotten ist kaum möglich, dazu sind die Mitreisenden zu gesellig – und zu neugierig.

Was tun Sie in Ihrer Freizeit?

Ich koche gerne, am liebsten asiatisch – von Sushi bis Tom-Yam-Suppe. Und natürlich nutze ich jede Gelegenheit zum Reisen. Dabei macht es mir großen Spaß, Orte zu entdecken, in die sich sonst nur wenige Touristen verirren – gewissermaßen Pionierarbeit zu leisten. In Osteuropa gibt es unzählige solcher Orte.